JN090709

おもてなしの韓国語会話

30秒でできる！
ニッポンの
歴史紹介

キム・ヒョンデ＝韓国語訳

IBC パブリッシング

本書の音声ダウンロードは
弊社ホームページから！

https://www.ibcpub.co.jp/audio_dl/0660/

装　　　幀＝高橋玲奈
編集協力＝賀川　真
韓国語DTP＝나선유 ナ ソンユ
韓国語録音＝소리와사람들 ソリワサラムドル

はじめに

　本書は、刊行してから大好評を博している『30秒でできる！ ニッポン紹介 おもてなしの韓国語会話』の姉妹版です。日本を訪れた韓国人たちは、神社仏閣や城などを観光し、温泉に浸かって一息ついて、杯を傾けながら和食に舌鼓を打つ……というのが定番なのですが、その韓国人のみなさんが1日を振り返りながら興味を抱くのが「ニッポンの歴史」なのです。

　たとえば、彼らを皇居に案内していたら、「なぜ、将軍は戦うことなく江戸城を明け渡したのですか？」などと質問を受けたりしてしまいます。自分の国の歴史だからある程度は分かっているつもりかもしれませんが、いざ韓国語で答えようとすると、なかなか言葉がでてこない、ということがよくあるのです。ふだんの会話では使わない単語が、歴史を説明するときには必要になってくるからです。例えば「薩摩藩」のことを"사쓰마 번"というとか、「江戸幕府」は"도쿠가와 막부"などです。

　本書では、韓国人によく聞かれる日本の歴史について、古代から現代まで時代を追いながらカバーしました。それも、簡単に短く、1トピックのうち1つの質問につき30秒で、日本の歴史を説明するための韓国語が収録されています。

　もちろん、日本史の解釈にはさまざまなものがあります。本書で記されている解釈は1つの視点であるに過ぎません。読者のみなさんの考えや解釈が、そこに付加され韓国の方に伝われば、より生き生きとした交流が促進されるはずです。

　本書を通し、より深い異文化交流を進めていただければ幸いです。

目次

第4章 奈良時代
나라 시대

第5章 平安時代
헤이안 시대

第6章 鎌倉時代
가마쿠라 시대

第7章　室町時代
무로마치 시대

第8章　安土桃山時代
아즈치모모야마 시대

第9章　江戸時代
에도 시대

第10章 明治時代

メイジ 시대

第11章 大正時代

다이쇼 시대

第 1 章

日本史の概要

일본사의 개요

1 日本の歴史の長さ

？ こんな質問をされたら？

1 일본에는 언제부터 사람이 살고 있었습니까?

日本にはいつごろから人が住んでいましたか？

---

2 일본 역사는 얼마나 깁니까?

日本の歴史はどのくらいの長さですか？

---

3 일본의 천황은 언제부터 있었습니까?

日本の天皇はどのくらい前からいるのですか？

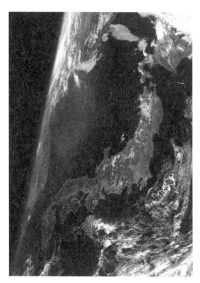

日本列島　일본 열도

일본 역사의 길이

 30秒で、こう答えよう！

1 구석기 시대, 현재의 일본은 아시아 대륙에 붙어 있었습니다. 수십만 년 전, 이미 대륙에서 일본으로 이주한 사람들이 있었습니다. 그밖에도 태평양의 섬들에서 이주자가 일본에 도달했다고 믿고 있습니다.

旧石器時代、現在の日本はアジア大陸にくっついていました。数十万年前、すでに大陸から日本へ移住した人たちがいました。他にも太平洋の島々からの移住者が日本に到達したと信じられています。

2 일본사는 거의 2,000년을 거슬러 갈 수 있습니다.

日本史は、ほぼ2000年遡ることができます。

3 전설에 따르면 진무 천황은 기원전 660년에 최초의 천황이 되었다고 하는데, 이를 증명하는 역사적인 기록은 존재하지 않습니다.

伝説によれば、神武天皇は紀元前660年に最初の天皇となったとされますが、これを証明する歴史的な記録は存在しません。

2 日本の史跡

? こんな質問をされたら？

1 일본의 사적이 많은 곳은 어디입니까?

日本の史跡の多い場所はどこですか？

2 도쿄 근교의 사적은 어디에 있습니까?

東京近郊の史跡はどこにありますか？

3 일본의 역사를 알 수 있는 박물관을 가르쳐주세요.

日本の歴史がわかる博物館を教えてください。

東京国立博物館　도쿄국립박물관

일본의 사적

 30秒で、こう答えよう！

1 역시 오랫동안 수도였던 교토에 많은 사적이 집중되어 있습니다.

やはり長い間首都だった京都に多くの史跡が集中しています。

---

2 가마쿠라 막부가 있던 가나가와 현 가마쿠라 시는 도시 전체가 사적의 분위기를 풍기고 있습니다.

鎌倉幕府のあった神奈川県鎌倉市は、街全体が史跡のムードを漂わせています。

---

3 일본 각지에 다양한 역사 박물관이 있지만, 규모나 내용 모두 가장 충실한 곳은 국립 박물관입니다. 국립 박물관은 도쿄 외에도 교토, 나라, 후쿠오카 현의 다자이후 시에 있습니다.

日本各地にさまざまな歴史博物館がありますが、規模、内容ともに最も充実しているのは国立博物館です。国立博物館は東京のほか、京都、奈良、福岡県太宰府市にあります。

---

3 日本の外交

❓ こんな質問をされたら？

1 고대 일본은 어떤 나라와 교류하고 있었습니까?

古代の日本はどんな国と付き合っていましたか？

2 일본은 언제부터 서양인과 교류하기 시작했습니까?

日本はいつごろから西洋人と付き合い始めましたか？

3 일본은 어느 정도의 기간, 쇄국을 하고 있었습니까?

日本はどのくらいの期間、鎖国をしていましたか？

鎖国時代の長崎の出島　쇄국 시대 나가사키의 데지마

일본의 외교

 30秒で、こう答えよう！

1 고대 일본은 한반도나 중국과 국교를 갖고 있었습니다.

古代の日本は、朝鮮半島や中国と国交を持っていました。

2 15세기경 일본인은 유럽인과 조우했습니다.

15世紀頃、日本人はヨーロッパ人と遭遇しました。

3 일본은 1641년부터 1853년까지 세계로부터 차단되어 있었습니다.

日本は1641年から1853年の間、世界から遮断されていました。

4 日本の戦争

? こんな質問をされたら？

1 일본은 외국으로부터 공격받은 적이 있습니까?

日本は外国から攻められたことがありますか？

---

2 일본이 외국을 공격한 적은 있습니까?

日本が外国を攻めたことはありますか？

---

3 일본이 외국에 점령된 적은 있습니까?

日本が外国に占領されたことはありますか？

原爆によるキノコ雲　원폭에 의한 버섯 구름

일본의 전쟁

 30秒で、こう答えよう！

1 일본은 불과 두 차례 공격을 받았습니다. 최초는 13세기 몽골 제국에 의한 침입이고, 두 번째가 제2차 세계대전이었습니다.

日本はわずかに２度、攻撃を受けました。最初は13世紀のモンゴル帝国による侵入で、２回目が第二次世界大戦でした。

2 도요토미 히데요시는 중국 명나라에 선전포고하고 조선을 침략했습니다. 청일전쟁은 1894년에 일어났습니다. 러일전쟁은 1903년에 발발했습니다.

豊臣秀吉は中国の明朝に宣戦布告し、朝鮮を侵略しました。日清戦争は1894年に起こりました。日露戦争が1903年に勃発しました。

3 일본은 1945년 태평양전쟁에 패하면서 미국이 이끄는 연합국에 점령당했습니다.

日本は1945年に太平洋戦争に敗れ、アメリカが率いる連合国に占領されました。

5 武士と侍の違いとは？

❓ こんな質問をされたら？

1 사무라이는 어떤 사람들입니까?

侍とはどういう人達のことですか？

---

2 사무라이는 어떤 생활을 하고 있었습니까?

侍はどういう生活をしていましたか？

---

3 사무라이와 무사는 어떻게 다릅니까?

侍と武士はどう違うのですか？

侍（甲冑）　사무라이(갑옷)

무사와 사무라이의 차이는 ?

 30秒で、こう答えよう！

1 많은 점에서 사무라이는 기사와 같은 것이었습니다. 군주를 섬기기 위해 엄격한 훈련을 해야 했습니다.

多くの点で、侍は騎士のようなものでした。君主に仕えるために厳格な訓練を行わなければなりませんでした。

2 사무라이는 엄격한 훈련을 실시하고, 어느 수준의 교양을 갖추기 위해 철학이나 도덕을 배워야 했습니다.

侍は厳格な訓練を行い、ある水準の教養を身につけるために哲学や道徳を学ばなければなりませんでした。

3 사무라이는 무사라고도 불렸습니다. 무사란 '전사'를 의미합니다. 한편 사무라이는 '섬기는 사람'을 의미합니다.

侍は武士とも呼ばれました。武士とは「戦士」を意味します。一方、侍は「仕える人」を意味します。

6 将軍と幕府

? こんな質問をされたら？

1 쇼군은 어떤 것입니까?

将軍とはどういうものですか？

---

2 막부는 어떤 것입니까?

幕府とはどういうものですか？

---

3 막부는 어느 정도의 기간 있었습니까?

幕府はどのくらいの期間ありましたか？

徳川家初代将軍 徳川家康　도쿠가와가 초대 쇼군 도쿠가와 이에야스

쇼군과 막부

 30 秒で、こう答えよう！

1 원래 쇼군은 천황에 의해 임명된 단순한 군의 대장이었습니다. 시간이 지날수록 쇼군의 지위는 왕과 같은 것이 되었습니다.

元来、将軍は天皇によって任命された単なる軍の大将でした。時間が経つにつれて、将軍の地位は王様のようなものになりました。

2 봉건 시대 쇼군과 막부가 나라를 위한 거의 모든 행정상의 결정을 내렸습니다.

封建時代、将軍と幕府が国のためにほとんど全ての行政上の決断を行いました。

3 막부와 번 체제는 1192년에 미나모토노 요리토모에 의해서 시작했습니다. 도쿠가와 막부가 1868년에 전복되었을 때 사무라이의 시대도 또한 종말을 맞이한 것입니다.

幕藩体制は1192年に源頼朝によって始められました。徳川幕府が1868年に転覆されたとき、侍の時代もまた終焉を迎えたのです。

7 大名

1 다이묘는 어떤 사람들입니까?

大名とはどういう人達のことですか？

---

2 다이묘끼리의 싸움은 있었습니까?

大名同士に争いはありましたか？

---

3 다이묘끼리의 싸움은 언제 끝났습니까?

大名同士の争いはいつ終わりましたか？

豊臣秀吉　도요토미 히데요시

다이묘

 30秒で、こう答えよう！

1 다이묘는 영지를 가지고 쇼군을 섬기는 군주였습니다.

大名とは領国を持ち将軍に仕える君主のことでした。

---

2 1467년부터 1573년까지의 센고쿠 시대, 다이묘가 대두되고 서로의 영지를 두고 다투었습니다.

1467年から1573年までの戦国時代、大名が台頭し、互いの領地を巡って争いました。

---

3 도요토미 히데요시가 1590년에 일본을 다시 통일했을 때, 모든 다이묘가 신정권에 따랐습니다.

豊臣秀吉が1590年に再び日本を統治したとき、全ての大名が新政権に従いました。

---

8 忍者

? こんな質問をされたら？

1 닌자는 어떤 사람입니까?

忍者とはどういう人ですか？

---

2 여성 닌자도 있었습니까?

女性の忍者もいたのですか？

---

3 닌자가 많은 장소는 어디입니까?

忍者の多い場所はどこですか？

忍者 北斎画　닌자 호쿠사이화

닌자

 30秒で、こう答えよう！

1 센고쿠 시대 무렵에 나타난 스파이 집단입니다. 다이묘와 직접적인 주종관계를 갖지 않고 용병으로 고용되는 경우가 대부분이었습니다.

戦国時代頃に現れたスパイ集団です。大名と直接の主従関係を持たず、傭兵として雇われるケースがほとんどでした。

2 이른바 '쿠노이치'가 여성 닌자로 다케다 신겐 때부터 기록이 있습니다.

いわゆる「くノ一」が女性の忍者で武田信玄の頃から記録があります。

3 유명한 닌자 마을은 미에 현의 이가, 시가 현의 고가, 나라 현의 야규 등입니다.

有名な忍者の里は三重県伊賀、滋賀県甲賀、奈良県柳生などです。

9 大奥

❓ こんな質問をされたら？

1 오오쿠는 어떤 곳입니까?

大奥とはどのようなところですか？

---

2 오오쿠는 언제 시작되었습니까?

大奥はいつ始まりましたか？

---

3 오오쿠의 최고 권력자는 누구입니까?

大奥の最高権力者は誰ですか？

千代田の大奥 歌合 橋本　치요다의 오오쿠 가합(우타아와세) 하시모토

오오쿠

 ## 30秒で、こう答えよう！

1 군주의 정실과 측실, 더불어 군주와 정실의 사생활을 돌보는 여성 관료 등이 생활을 하던 일본의 후궁입니다.

君主の正室や側室、さらには君主や正室の私生活の世話をする女性の官僚などが生活をしていた日本の後宮です。

---

2 오오쿠를 조직적으로 정비한 사람은 에도 막부의 3대 쇼군 이에미쓰의 유모였던 가스가노 쓰보네(1579-1643)였습니다.

大奥を組織的に整備したのは江戸幕府三代将軍家光の乳母春日局によるものとされています。

---

3 일단은 쇼군의 정실이 '미다이도코로'로 불리는 총책임자지만, 쇼군의 생모나 적남을 낳은 측실 등이 실제의 힘을 가지고 있었습니다.

一応将軍の正室が「御台所」と呼ばれる総取締役ですが、将軍の生母や嫡男を生んだ側室などが実際の力を持っていました。

---

10 舞妓

❓ こんな質問をされたら？

1 마이코는 어떤 사람들입니까?

舞妓とはどういう人達ですか？

---

2 마이코와 오이란은 다른 것입니까?

舞妓と花魁は違うのですか？

---

3 마이코는 어디에서 볼 수 있습니까?

舞妓さんはどこにいますか？

舞妓　마이코

마이코

 30秒で、こう答えよう！

1 일본의 전통적인 음식점에서 노래나 춤으로 손님을 대접하는 여성 중에서도 젊은 여성을 지칭하는 것입니다. 얼굴에 흰 분을 바르고 기모노 차림으로 다양한 예능에 정통합니다.

日本の伝統的な飲食店で歌や踊りで客をもてなす女性のなかでも若手の女性ことです。顔に白粉を塗り、着物姿で、様々な芸事に精通しています。

---

2 전혀 다릅니다. 오이란은 에도 시대까지 존재했던 공창으로 지금은 존재하지 않습니다. 마이코는 창기가 아닙니다.

全く違います。花魁は江戸時代まで存在した公娼で今は存在していません。舞妓は娼妓ではありません。

---

3 대부분은 교토에서 볼 수 있는데, 교토의 가미시치켄, 폰토초, 미야가와초, 기온 코부, 기온 히가시 등 5개 지역이 유명합니다.

ほとんどは京都で、京都の上七軒、先斗町、宮川町、祇園甲部、祇園東の五つの地域が有名です。

---

11 城

? こんな質問をされたら？

1 성은 언제부터 생겼습니까?

城はいつごろからできましたか？

2 성에는 어떤 역할이 있었습니까?

城にはどんな役割がありましたか？

3 유명한 성에는 어떤 것이 있습니까?

有名な城にはどんなものがありますか？

弘前城　히로사키 성

30秒で、こう答えよう！

1 고대부터 중세에 걸쳐서 성은 군사 목적을 위해서 세워졌습니다.

古代から中世にかけて、城は軍事目的のために築かれました。

---

2 16세기부터 17세기 사이에 성의 역할은 군사시설에서 지방행정부로 변모했습니다.

16世紀から17世紀の間に、城の役割は軍事施設から地方行政府へと変貌しました。

---

3 히메지 성은 아름답기로 세계적으로 유명합니다. 현재의 성은 1601년에 완성했습니다. 다른 유명한 성으로는 시마네 현의 마쓰에 성, 시가 현의 히코네 성, 아이치 현의 이누야마 성, 나가노 현의 마쓰모토 성, 구마모토 현의 구마모토 성이 있습니다.

姫路城は美しさで世界的に有名です。現在の城は1601年に完成しました。他の有名な城としては、島根県の松江城、滋賀県の彦根城、愛知県の犬山城、長野県の松本城、熊本県の熊本城があります。

第 2 章
제 2 장

日本の
伝統文化の歴史
일본 전통문화의 역사

1 日本の演劇

? こんな質問をされたら？

1 가부키는 언제쯤 성립했습니까?

歌舞伎はいつごろ成立しましたか？

---

2 노는 언제쯤 성립했습니까?

能はいつごろ成立しましたか？

---

3 분라쿠는 언제쯤 성립했습니까?

文楽はいつごろ成立しましたか？

能面　노의 가면

일본의 연극

 30秒で、こう答えよう！

1 가부키는 에도 시대에 발전한 일본의 무대 연극으로 일본의 전통적인 연극 가운데서도 가장 인기가 있습니다.

歌舞伎は江戸時代に発展した日本の舞台演劇で、日本の伝統的な演劇の中でも最も人気があります。

2 노는 일본의 고전적인 무대 예능으로 13~14세기에 발전했습니다. 많은 사람들이 노는 그 미니멀리즘 때문에 세련되어 보인다고 말합니다.

能は、日本の古典的な舞台芸能で、13 〜 14世紀に発展しました。多くの人は能はそのミニマリズムゆえに、洗練されていると言います。

3 분라쿠는 17세기 후반에 다케모토 기다유가 오사카에서 극장을 시작한 것으로 유명하게 되었습니다.

文楽は、17世紀の後半に竹本義太夫が大阪で劇場をはじめたことで、有名になりました。

2 日本の生活文化

？ こんな質問をされたら？

1 다도는 언제쯤 성립했습니까?

茶道はいつごろ成立しましたか？

2 꽃꽂이는 언제쯤 성립했습니까?

いけばなはいつごろ成立しましたか？

3 분재란 무엇입니까?

盆栽とは何ですか？

茶道　다도

일본의 생활문화

 30秒で、こう答えよう！

1 다도는 선과 함께 발전했고, 16세기 후반 센노 리큐라는 사람에 의해 확립되었습니다.

茶道は禅とともに発展し、16世紀後半に千利休という人によって確立されました。

2 꽃꽂이는 화도라고도 말하며, 이 전통적인 일본의 플라워 어렌지먼트는 무로마치 시대에 발전했습니다.

いけばなのことを華道ともいい、この伝統的な日本のフラワーアレンジメントは、室町時代に発展しました。

3 분재는 화분에 심은 작은 나무들을 재배하는 것입니다. 자연 그 자체에 대한 경의를 나타내는 한편, 자연을 조종하는 흥미로운 융합의 세계입니다.

盆栽とは、ミニチュア鉢植え栽培のことです。自然そのものへの敬意を促す一方で、自然を操る興味深い融合の世界です。

3 日本の伝統スポーツ

? こんな質問をされたら？

1 스모는 언제쯤 성립했습니까?

相撲はいつごろ成立しましたか？

2 유도는 언제쯤 성립했습니까?

柔道はいつごろ成立しましたか？

3 검도란 무엇입니까?

剣道とはなんですか？

相撲　스모

일본의 전통 스포츠

 30秒で、こう答えよう！

1 스모의 기원은 고대까지 거슬러 갈 수 있습니다. 역사적으로 스모는 신도와 깊은 관계가 있습니다. 스모는 신들을 숭배하기 위한 특별한 형식으로 발전했습니다.

相撲の起源は、古代まで遡ることができます。歴史的に、相撲は神道と深い関係があります。相撲は神々を崇拝するための特別な取組として発展しました。

2 유도는 1882년에 가노 지고로가 창시한 무도입니다. 유도는 옛날에 유술이라고 불렸던 무도에서 파생된 것입니다.

柔道は1882年に嘉納治五郎が創始した武道です。柔道は、古くは柔術と呼ばれた武道から派生したものです。

3 검도는 일본의 검술입니다. 일본의 검술 기술은 내란이 계속되었던 16세기경에 발전했습니다.

剣道は日本の剣術です。日本の剣術の技は、内乱が続いた16世紀頃に発展しました。

4 日本の古典文学

? こんな質問をされたら？

1 『만엽집』은 무엇입니까?

『万葉集』とはなんですか？

---

2 『겐지 모노가타리』에 대해서 가르쳐주세요.

『源氏物語』について教えてください？

---

3 하이쿠의 거장 마쓰오 바쇼는 어떤 저서가 있습니까?

俳句の巨匠松尾芭蕉にはどんな著書がありますか？

松尾芭蕉像　마쓰오 바쇼의 동상

일본 고전문학

 30秒で、こう答えよう！

1 『만엽집』은 일본의 운문시인 와카를 모은 것으로, 와카는 5-7-5-7-7의 음절에 따라 지어진 일본의 시를 말합니다. 『만엽집』은 나라 시대 말에 편찬되었습니다. 『만엽집』에는 온갖 지위의 사람들에 의해 지어진 4,500수 이상의 와카가 수록되어 있습니다.

『万葉集』とは日本の韻文詩である和歌を集めたもので、和歌とは 5-7-5-7-7の音節に則って詠まれた日本の詩のことです。『万葉集』は奈良時代の終わりに編纂されました。『万葉集』にはあらゆる地位の人たちによって詠まれた4500首以上の和歌が収められています。

2 11세기 초 무라사키 시키부에 의해서 쓰인 『겐지 모노가타리』는 세계에서 가장 오래된 장편소설이라고 여겨집니다.

11世紀初期に紫式部によって書かれた『源氏物語』は、世界で最も古い長編小説であると考えられています。

3 『오쿠노 호소미치(깊은 오솔길)』라는 하이쿠집은 국제적으로 유명합니다.

『奥の細道』という俳句集は国際的に有名です。

5 日本の古典絵画

? こんな質問をされたら？

1 왜 우키요에가 만들어진 것입니까?

なぜ浮世絵がつくられたのですか？

---

2 춘화는 무엇입니까?

春画とは何ですか？

---

3 장벽화란 무엇입니까?

障壁画とはなんですか？

狩野永徳筆 唐獅子図障壁画　가노 에이토쿠의 그림, 당사자도 장벽화

일본의 고전회화

 30秒で、こう答えよう！

1 우키요에 판화는 오늘날의 그림엽서, 포스터, 브로마이드나 책의 삽화에 해당하는 것이었습니다.

浮世絵版画は、今日の絵葉書、ポスター、ブロマイドや本の挿絵に相当するものだったのです。

---

2 춘화는 선정적인 판화로, 오락과 교육을 겸한 것이었습니다.

春画とは、エロチックな版画のことで、娯楽と教育を兼ねたものでした。

---

3 장벽화는 방문이나 병풍에 그려진 전통적인 회화입니다. 이러한 예술작품은 아즈치모모야마 시대에 인기를 끌었습니다.

障壁画とは、襖や屏風に描かれる伝統的な絵画のことです。このような芸術作品は安土桃山時代に人気を博しました。

---

6 日本の宗教

? こんな質問をされたら？

1 일본 고유의 종교는 무엇입니까?

日本固有の宗教はなんですか？

---

2 불교는 언제쯤 일본에 들어왔습니까?

仏教はいつごろ日本に入ってきましたか？

---

3 기독교는 언제 일본에 들어왔습니까?

キリスト教はいつ日本に入ってきましたか？

夫婦岩（三重県）　부부바위(미에 현)

일본의 종교

 30秒で、こう答えよう！

1 그것은 신도입니다. 참배하는 곳은 신사라고 불립니다.

それは神道です。礼拝するところは神社と呼ばれます。

---

2 552년 백제의 사신이 야마토 조정에 불교를 가져왔습니다. 야마토에서는 불교를 받아들일 것인가 말 것인가에 대해 논쟁이 일어났습니다.

552年、百済からの使節が大和朝廷に仏教をもたらしました。大和では、仏教を受け入れるべきか否かで論争になりました。

---

3 총포와 함께 1549년 프란시스코 자비에르에 의해서 기독교가 일본에 들어왔습니다. 오다 노부나가의 지지에 의해 기독교는 일본에서 확산되었습니다.

鉄砲とともに、1549年フランシスコ・ザビエルによってキリスト教が日本にもたらされました。織田信長の支持により、キリスト教は日本で広がりました。

第３章

제 3 장

日本の古代

일본의 고대

1 先史時代

? こんな質問をされたら？

1 일본 열도는 언제쯤 아시아 대륙으로부터 떨어져 나왔습니까?

日本列島はいつ頃、アジア大陸から離れたのですか？

2 조몬 시대는 어떤 시대입니까?

縄文時代とはどんな時代ですか？

3 야요이 시대는 어떤 시대입니까?

弥生時代とはどんな時代ですか？

土偶（縄文時代末期）
토우(조몬 시대 말기)

縄文土器
조몬 토기

弥生土器
야요이 토기

선사 시대

 30秒で、こう答えよう！

1 약 1만 2,000년 전 빙하기가 끝나고 일본은 아시아 대륙으로부터 떨어져 나왔습니다.

約1万2000年前、氷河期が終わり、日本はアジア大陸から離れました。

2 조몬 시대, 사람들은 마을을 형성하고 수렵과 고기잡이로 생활했습니다.

縄文時代、人々は村を形成し、狩猟や漁によって生活しました。

3 야요이 시대는 기원전 400년부터 3세기까지의 기간으로, 일본이 국가로서 통합되기 시작한 시대입니다. 이 시대에 쌀농사가 시작되었습니다.

弥生時代とは紀元前400年から3世紀までの期間で、日本が国家として統合され始めた時代です。この時代に米作が始まりました。

2 先史時代の国際交流

? こんな質問をされたら？

1 야요이 시대에 국제교류는 있었습니까?

弥生時代に国際交流はありましたか？

---

2 왜란 무엇입니까?

倭とはなんですか？

---

3 야마타이코쿠는 어떤 나라였습니까?

邪馬台国とはどんな国だったのですか？

漢倭奴国王印　한왜노국왕인

선사 시대의 국제교류

 30秒で、こう答えよう！

1 야요이 시대가 되어 한반도와 중국과의 국제적인 교류가 시작되었습니다.

弥生時代になって、朝鮮や中国との国際的な交流が始まりました。

2 왜는 고대의 일본이나 그 국민을 나타내는 이름입니다.

倭とは、古代日本やその国民を表す名前です。

3 야마타이코쿠는 여왕 히미코가 통치한 고대 왕국입니다. 여왕 히미코는 중국에 사절단을 보내 위 왕조의 황제로부터 금인을 수여받았습니다. 고고학자들은 야마타이코쿠가 규슈에 있었는지 나라 근교에 있었는지에 대해 논쟁하고 있습니다.

邪馬台国は女王卑弥呼によって統治された古代王国です。女王卑弥呼は中国に使節団を送り、魏王朝の皇帝から金印を授与されました。考古学者たちは、邪馬台国は九州にあったのか、奈良近郊にあったのかで論争しています。

3 大和朝廷の成立

? こんな質問をされたら？

1 일본은 언제쯤 국가로서 통일되었습니까?

日本はいつ頃国家として統一されましたか？

---

2 고분이란 무엇입니까?

古墳とはどういうものですか？

---

3 가장 큰 고분은 누구의 것입니까?

最も大きい古墳は誰のものですか？

仁徳天皇陵　닌토쿠 천황릉

야마토 조정의 성립

 30秒で、こう答えよう！

1 고분 시대가 되고 일본은 야마토 조정에 의해서 통합되었으나 그것은 약 3세기부터 4세기에 걸친 것이었습니다.

古墳時代になって日本は大和朝廷によって統合されましたが、それは約3世紀から4世紀にかけてのことでした。

---

2 고분은 천황 및 유력한 호족을 위한 고대의 무덤입니다. 야마토 조정의 천황 고분 중에는 거대한 것이 있는데, 5세기까지 야마토 조정이 얼마나 권세를 누렸는지 증명하고 있습니다.

古墳とは、天皇や有力な豪族のための古代の墓のことです。大和朝廷の天皇の古墳の中には巨大なものがあり、5世紀までに大和朝廷がいかに権勢を振るったかを証明しています。

---

3 닌토쿠 천황의 고분은 그중에서도 최대 규모로 5세기경에 만들어졌습니다.

仁徳天皇の古墳は中でも最大で、5世紀頃に造られました。

---

4 飛鳥時代

? こんな質問をされたら？

1 아스카 시대는 어떤 시대였습니까?

飛鳥時代とはどういう時代でしたか？

2 쇼토쿠 태자는 어떤 인물입니까?

聖徳太子とはどういう人物ですか？

3 이 시대에 중국과 어떤 교류를 하고 있었습니까?

この時代中国とどのような付き合いをしていましたか？

聖徳太子像　쇼토쿠 태자의 그림

54

아스카 시대

 30秒で、こう答えよう！

1 아스카 시대는 야마토 시대의 일부로서 불교문화가 번성했습니다. 아스카 문화는 수와 당 왕조 초기의 영향을 받은 것으로 알려져 있습니다.

飛鳥時代とは大和時代の一部であり、仏教文化が栄えました。飛鳥文化は隋や唐王朝初期の影響を受けていることで知られています。

2 쇼토쿠 태자는 7세기 초기에 스이코 천황의 섭정을 하고 있었습니다. 일본에서 가장 오래된 법률인 십칠 조 헌법을 정하고, 607년에 호류지를 건립했습니다.

聖徳太子は7世紀初期に推古天皇の摂政をしていました。日本で最古の法律十七条憲法を定め、607年に法隆寺を建立しました。

3 쇼토쿠 태자는 일본의 공식 사절로 오노노 이모코를 수나라에 파견하고 우호관계를 요구했습니다.

聖徳太子は日本の正式な使節として小野妹子を隋に派遣し、友好関係を求めました。

5 大化の改新

? こんな質問をされたら？

1 쇼토쿠 태자 이후 일본의 정치는 어떻게 되었습니까?

聖徳太子の後、日本の政治はどうなりましたか？

---

2 다이카 개신에는 어떤 일이 벌어졌습니까?

大化の改新とはどんな出来事ですか？

---

3 일본 최초의 통일된 세제는 무엇입니까?

日本で最初の統一された税制はなんですか？

神武東征　진무동정

다이카 개신

30秒で、こう答えよう！

1 622년 쇼토쿠 태자의 사후, 야마토 조정 내에서 정쟁이 일어났습니다. 소가노 이루카와 그의 아버지가 최고 권력자가 되었습니다.

622年の聖徳太子の死後、大和朝廷内で政争が起きました。蘇我入鹿と彼の父親が最高権力者となりました。

2 다이카 개신이란 쿠데타로서 천황의 권위 아래 중앙집권국가를 만들자는 시도였습니다.

大化の改新とはクーデターであり、天皇の権威のもとで中央集権国家を創ろうという試みでした。

3 다이카 개신의 기간에 '조용조'라는 새로운 조세 제도가 시작되었습니다. '조'는 쌀 수확에 대한 세금, '용'은 노역 대신에 지불했고, '조'는 현물 지급이었습니다.

大化の改新の期間に、租庸調という新しい租税制度が始められました。祖は米の収穫に対する税、庸は労役の代わりの支払い、調は現物支給でした。

6 律令制度

❓ こんな質問をされたら？

1 율령 제도는 무엇입니까?

律令制度とは何ですか？

---

2 다이호 율령은 어떤 것입니까?

大宝律令とはどのようなものですか？

---

3 일본에서 가장 오래된 돈은 무엇입니까?

日本最古のお金はなんですか？

和同開珎銀銭　화동개진 은전

율령 제도

 30秒で、こう答えよう！

1 율령 체제는 중국의 중앙집권정부에 근거한 것이었습니다. 이는 천황의 통치하에서 강한 국가를 만들기 위해 야마토 조정에 의해 채용되었습니다.

율령体制は中国の中央集権政府に基づいたものでした。これは、天皇統治のもとで強い国家を創るために大和朝廷によって採用されました。

2 다이호 율령은 일본 최초의 법전으로서 701년에 제정되었습니다. 다이호 율령에 의해 고대 일본의 행정·사법제도가 확립되었습니다.

大宝律令とは日本初の法典であり、701年に制定されました。大宝律令によって、古代日本の行政・司法制度が確立しました。

3 708년에 일본 최초의 화폐가 주조되었습니다. 널리 유통된 그 통화는 화동개진이라고 합니다.

708年に、日本最初の通貨が鋳造されました。広く流通したその通貨は和同開珎といいます。

第4章
제4장

奈良時代
나라 시대

1 平城京

? こんな質問をされたら？

1 나라 시대는 언제부터 언제까지입니까?

奈良時代はいつからいつまでですか？

2 나라 시대에는 불교가 융성했다고 하는데, 구체적으로는 어떤 일이 일어났습니까?

奈良時代には仏教が隆盛したそうですが、具体的にはどのようなことが起こりましたか？

3 나라 시대는 왜 100년도 되기 전에 끝난 것입니까?

奈良時代はなぜ100年もしないうちに終わったのですか？

平城京　헤이조쿄

30秒で、こう答えよう！

1 710년부터 794년 사이 수도가 나라에 정해져 있던 시대가 나라 시대입니다. 나라는 헤이조쿄라고 하며, 일본 역사상 최초의 영속적인 도시가 되었습니다.

710年から794年の間、首都が奈良に置かれていた時代が奈良時代です。奈良は平城京といわれ、日本史上最初の永続的な都となりました。

2 쇼무 천황은 불교 국가로서 나라를 다스리려고 했습니다. 그래서 고쿠분지라고 불리는 절을 지방에 세웠습니다. 쇼무 천황은 또한 도다이지를 건립했습니다. 이곳에는 나라의 대불이 모셔져 있습니다.

聖武天皇は仏教国家として国を治めようとしました。そこで、国分寺と呼ばれる寺を地方に建てました。聖武天皇はまた、東大寺を建立しました。ここには、奈良の大仏が祀られています。

3 8세기 말이 되면 스님은 막강한 권력을 가지게 되고, 조정에 정치적인 압력을 가할 수 있게 되었습니다.

8世紀の終わりになると、僧侶は強大な権力を持つようになり、朝廷に政治的な圧力を掛けることができるようになりました。

2 遣唐使

? こんな質問をされたら？

1 견당사란 무엇입니까?

遣唐使とは何ですか？

---

2 견당사는 일본에 무엇을 가져왔습니까?

遣唐使は日本に何をもたらしましたか？

---

3 견당사가 가져온 보물은 어디에 있습니까?

遣唐使が持ち帰った宝物はどこにありますか？

正倉院正倉　쇼소인 정고

견당사

 30秒で、こう答えよう！

1　견당사란 문명을 배우기 위해서 당 왕조에 파견된 사절단이었습니다.

遣唐使とは文明を学ぶために唐王朝に派遣された使節団でした。

2　견당사에 의해 얻어진 지식과 기술은 중국의 것뿐만이 아니라, 이슬람이나 서양 여러 나라로부터도 가져온 것이었습니다.

遣唐使によって得られた知識と技術は、中国からのものだけではなく、イスラムや西洋諸国からももたらされました。

3　쇼소인이라는 보물전은 나라 시대에 건립되었지만, 훨씬 더 먼 페르시아에서 온 물건들도 수납되어 있습니다.

正倉院という宝物殿は奈良時代に建立されましたが、遥かペルシアからの品々も収納されています。

3 日本正史の誕生

❓ こんな質問をされたら？

1 『고사기』는 어떤 책입니까?

『古事記』とはどういう書物ですか？

2 『일본서기』는 어떤 책입니까?

『日本書紀』とはどういう書物ですか？

3 『풍토기』란 무엇입니까?

『風土記』とはなんですか？

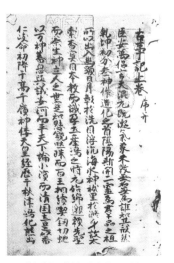

『古事記』(真福寺収蔵・国宝)
『고사기』(신후쿠지 수장·국보)

일본 정사의 탄생

 30秒で、こう答えよう！

1 『고사기』는 712년에 편찬된 책으로 고대 일본의 전설이나 구술 사료를 기록하고 있습니다. 『고사기』에는 고대부터 구술로 전해져 온 천황의 계승과 다양한 신화가 기록되어 있습니다.

『古事記』は712年に編纂された本で、古代日本の伝説や口述の歴史を記録しています。『古事記』には、古代から口述で伝えられてきた、天皇の継承やさまざまな神話が記録されています。

2 『일본서기』는 720년에 정식 역사의 기록으로서 편찬되어, 조정이 어떻게 해서 확립되었는지를 서술하고 있습니다.

『日本書紀』は720年に正式な歴史の記録として編纂され、朝廷がどのようにして確立したかを述べています。

3 『풍토기』는 713년에 편찬되었고, 고대 일본의 지방의 전설, 민화, 역사에 대해서 쓰여 있습니다.

『風土記』は713年に編纂され、古代日本の地方の伝説、民話、歴史について書かれています。

第 5 章

제 5 장

平安時代

헤이안 시대

1 平安京

? こんな質問をされたら？

1 헤이안쿄는 어디에 있었습니까? 또한 헤이안 시대는 언제 시작되어 언제 끝났습니까?

平安京はどこにありましたか？ また平安時代はいつ始まりいつ終わりましたか？

---

2 헤이안 시대에 불교는 어떻게 되었습니까?

平安時代の仏教はどうなりましたか？

---

3 견당사는 어떻게 되었습니까?

遣唐使はどうなりましたか？

東大寺大仏殿　도다이지 대불전

헤이안쿄

 30秒で、こう答えよう！

1 헤이안쿄는 교토에 위치한 고대의 도시였습니다. 헤이안 시대는 794년부터 1192년까지 조정이 교토에서 기능하고 있던 시대를 가리킵니다.

平安京とは京都に置かれた古代の都でした。平安時代とは794年から1192年まで朝廷が京都で機能していた時代を指します。

2 중국의 당 왕조로부터 야기된 대승불교의 영향을 받은 고닌 조간 문화가 9세기경 번성했습니다. 9세기가 되어 수많은 절이 외진 산간에 건립되었습니다.

中国の唐王朝からもたらされた大乗仏教の影響を受けた弘仁貞観文化が9世紀頃に栄えました。9世紀になると、多くの寺が人里離れた山々に建立されました。

3 중국으로의 정기적인 사절단이었던 견당사는 당 왕조가 쇠퇴하면서 894년에 폐지되었습니다.

中国への定期的な使節団であった遣唐使は、唐王朝が衰退したため、894年に廃止されました。

2 藤原氏

? こんな質問をされたら？

1 후지와라씨의 출신은 어디입니까?

藤原氏の出自はどこですか？

2 헤이안 시대에 후지와라씨는 어떻게 되었습니까?

平安時代の藤原氏はどうなりましたか？

3 섭정, 간파쿠는 어떤 사람입니까?

摂政、関白とはどのような人ですか？

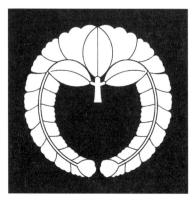

藤原氏の代表的な家紋「下り藤」
후지와라씨의 대표적인 가문 문장 「사가리후지」

후지와라씨

30秒で、こう答えよう！

1 후지와라씨는 고대에 조정을 섬긴 유력한 씨족의 하나였습니다. 그 선조는 다이카 개신을 수행하는 데 있어 중요한 역할을 맡았습니다.

藤原氏は古代に朝廷に仕えた有力氏族の一つでした。その先祖は大化の改新を遂行するにあたって重要な役割を演じました。

---

2 10세기가 되자 후지와라씨는 막강한 권력을 갖게 되어 천황의 후견인 혹은 주석고문까지 되었습니다.

10世紀になると藤原氏は強大な権力を持つようになり、天皇の後見人、あるいは主席顧問にまでなりました。

---

3 섭정은 '천황의 후견인', 간파쿠는 '천황에 대한 주석고문' 같은 역할입니다. 이러한 권력적인 역할은 헤이안 시대에 후지와라씨에 의해 지배되었습니다.

摂政とは「天皇の後見人」のことで、関白とは「天皇に対する主席顧問」のような役割です。このような権力のある役割は平安時代に藤原氏によって支配されてきました。

---

3 平安文学

? こんな質問をされたら？

1 『겐지 모노가타리』외에 대표적인 헤이안 문학이 있습니까?

『源氏物語』のほかに代表的な平安文学はありますか？

2 헤이안 문학의 특징은 무엇입니까?

平安文学の特徴は何ですか？

3 『고킨와카슈』는 무엇입니까？

『古今和歌集』とは何ですか？

清少納言（枕草子絵詞）　세이 쇼나곤（마쿠라노 소시 그림책）

헤이안 문학

 30秒で、こう答えよう！

1 현재에도 잘 알려진 헤이안 시대의 작품으로는 『마쿠라노 소시』
가 있습니다. 『겐지 모노가타리』처럼 글을 쓴 이는 세이 쇼나곤이
라는 여성입니다.

現在でもよく知られる平安時代の作品として、『枕草子』がありま
す。『源氏物語』と同じく、書いたのは清少納言という女性です。

2 소설이나 수필에 나오는 노래로 읊어져서 그 직접적인 감정이나 애
정 표현은 지금도 매력적으로 다가옵니다.

小説や随筆に出てくる歌に詠まれた直接的な感情や愛情表現は、い
までも魅力的で訴えるものがあります。

3 헤이안 시대 귀족들은 애인과 소통할 때에 와카를 주고받았습니다.
『고킨와카슈』는 905년에 기노 쓰라유키에 의해 편찬된 것으로,
헤이안 초기에 읊어진 와카집입니다.

平安時代、貴族たちは愛人とコミュニケーションするときに和歌を
交わしました。『古今和歌集』は905年に紀貫之によって編纂され
たもので、平安初期に詠まれた和歌集です。

4 平安仏教

？ こんな質問をされたら？

1 말법 사상이란 무엇입니까?

末法思想とは何ですか？

---

2 왜 헤이안 시대에 염세감이 감도는 사상이 유행한 것입니까?

なぜ平安時代に厭世感が漂うこの思想が流行ったのですか？

---

3 말법 사상으로 불교가 유행한 것은 왜입니까?

末法思想で仏教が流行ったのはなぜですか？

東大寺盧舎那仏像　도다이지 노사나 불상

헤이안 불교

 30秒で、こう答えよう！

1 말법, 즉 불교에서 말하는 제3단계에 해당하는 시대가 1052년 시작되었습니다. 이 시기에는 석가의 힘이 쇠퇴하면서 구제받지 못한 사람들은 피해를 입을 것이라고 믿었습니다.

末法、すなわち仏教でいう第三段階にあたる時代が1052年に始まりました。この時期、釈迦の力が衰退し、救済されていない人々は被害を被るであろうと信じられていました。

2 전쟁이나 기근, 빈곤에 의해 비롯된 사회문제로 인해 사람들은 말법 시대에 들어섰다고 확신한 것입니다.

戦いや飢饉や貧困によって引き起こされた社会問題によって、人々は末法期に入ったと確信したのです。

3 말법 사상에 의해서 자극 받은 사람들은 사후의 행복을 원하게 되었습니다. 이것이 불교신앙이 널리 퍼진 이유 중 하나입니다.

末法思想によって刺激された人々は、死後の幸せを望むようになりました。これが、仏教信仰が広まった理由の一つです。

5 武士の台頭

? こんな質問をされたら？

1 무사란 어떤 사람들입니까?

武士とはどのような人たちですか？

---

2 무사와 귀족의 관계는?

武士と貴族の関係は？

---

3 무사와 조정의 관계는?

武士と朝廷の関係は？

平家の紋 揚羽蝶　헤이케의 문장, 아게하초

무사의 대두

 30秒で、こう答えよう！

1 전사를 일본어로 '부시'라고 합니다. 헤이안 시대에 군대 같은 것을 서서히 조직해 간 것은 무사였습니다.

戦士のことを日本語で武士といいます。平安時代に軍隊のようなものを徐々に組織していったのは武士でした。

2 후지와라씨가 조정에서 영화를 누리는 한편, 다른 많은 귀족들은 시골로 이주하여 지방의 무사들과 어울려 지냈습니다.

藤原氏が朝廷で栄華を誇る一方、他の多くの貴族たちは田舎へ移住し、地方の武士たちと交わっていきました。

3 헤이안 시대 지방의 무사들은 자주 조정에 고용되었고, 조정이나 지방의 호족을 호위하고 있었습니다.

平安時代、地方の武士たちは頻繁に朝廷に雇われ、朝廷や地方の豪族を護衛していました。

6 平安時代の武装勢力

? こんな質問をされたら？

1 겐지는 어떤 가계입니까?

源氏とはどういう家系ですか？

2 헤이케는 어떤 가계입니까?

平家とはどういう家系ですか？

3 승병은 어떤 것이었습니까?

僧兵とはなんだったのですか？

僧兵弁慶と源義経　승병 벤케이와 미나모토 요시쓰네

헤이안 시대의 무장세력

 30秒で、こう答えよう！

1 겐지는 미나모토 일족이 이끌었던 무가집단의 이름으로, 간토 지방에 영향력을 넓히고 있었습니다. 겐지는 9세기 세이와 천황의 자손이었습니다.

源氏とは源一族によって率いられた武家集団の名前で、関東地方に影響力を広げていました。源氏は9世紀の清和天皇の子孫でした。

2 헤이케는 다이라 일족이 이끌었던 무가집단의 이름으로, 서일본에서 영향력을 넓히고 있었습니다. 헤이케는 795년 헤이안쿄를 축조했던 간무 천황의 자손이었습니다.

平家とは平一族によって率いられた武家集団の名前で、西日本で影響力を広げていました。平家は795年に平安京を築いた桓武天皇の子孫でした。

3 승병이란 큰 사찰을 위해서 싸우던 전사였습니다. 교토 엔라쿠지의 승병은 강력한 세력을 가지고 있었습니다.

僧兵は大きな寺のために闘った戦士でした。京都の延暦寺の僧兵は強大な勢力を持ちました。

7 院政と保元・平治の乱

? こんな質問をされたら？

1 인세이는 어떤 정치입니까?

院政とはどういう政治ですか？

2 호겐의 난은 어떤 전투였습니까?

保元の乱はどのような戦いですか？

3 헤이지의 난은? 그 결과는?

平治の乱とは？その結果は？

源氏の紋 笹竜胆　겐지의 문장, 사사린도

인세이와 호겐 · 헤이지의 난

 30秒で、こう答えよう！

1 인세이는 1086년에 퇴위한 시라카와 천황에 의해 시작되었지만, 12세기가 되면서 천황과 퇴위한 천황인 상황 사이에 새로운 충돌을 불러일으키는 것이 되었습니다.

院政は1086年に退位した白河天皇によって始められましたが、12世紀になると天皇と退位した天皇である上皇との間に新たな衝突を引き起こすことになりました。

2 1156년, 황위 계승을 둘러싼 충돌로 인해 호겐의 난이 일어났습니다. 겐지와 헤이케는 무가집단으로서 중요한 역할을 완수했습니다.

1156年、皇位継承を巡る衝突で保元の乱が起こりました。源氏と平家は武家集団として重要な役割を果たしました。

3 1159년 헤이지의 난이 일어났습니다. 헤이케의 주군인 다이라노 기요모리가 겐지를 물리쳤습니다.

1159年平治の乱が起こりました。平家の主君である平清盛が源氏を打ち破りました。

8 平家の繁栄と滅亡

? こんな質問をされたら？

1 헤이케의 시대는 어떤 시대였습니까?

平家の時代はどんな時代でしたか？

---

2 헤이케는 왜 멸망한 것입니까?

平家はなぜ滅んだのですか？

---

3 헤이케 토벌의 영웅 미나모토 요시쓰네는 왜 비극의 영웅이라고 불리는 것입니까?

平家討伐のヒーロー源義経はなぜ悲劇のヒーローと呼ばれるのですか？

赤間神宮にある平家一門の墓
아카마 신궁에 있는 헤이케 일문의 묘

壇ノ浦古戦場址
단노우라 옛 전장지

헤이케의 번영과 멸망

 30 秒で、こう答えよう！

1 헤이케는 그 군사력에 의해 영화를 누리며 고귀한 귀족처럼 행동하고 다녔습니다.

平家はその軍事力によって栄華を享受し、高貴な貴族のように振る舞いました。

2 겐지의 잔존 세력이 서서히 되살아난 1186년, 헤이케는 현재의 시모노세키 연안에 있는 단노우라 전투에서 미나모토 요시쓰네에게 패했습니다.

源氏の生き残りは徐々に再生し、1186年、平家は現在の下関の沿岸にある壇ノ浦の戦いで源義経に敗れました。

3 겐지의 리더이자 요시쓰네의 형인 미나모토 요리토모는 요시쓰네에게 불신감을 가졌습니다. 미나모토 요시쓰네는 도호쿠 지방의 후지와라씨 영토로 도망을 갔지만, 거기서 후지와라씨 중 한 명에게 죽임을 당했습니다.

源氏のリーダーであり、義経の兄である源頼朝は義経に不信感をいだきました。源義経は東北の藤原氏の領土に逃げますが、そこで藤原氏の一人に殺されてしまいました。

第6章
제6장

鎌倉時代
가마쿠라 시대

1 源氏と北条氏

❓ こんな質問をされたら？

1 가마쿠라 막부는 언제 성립되었습니까?

鎌倉幕府はいつ成立しましたか？

---

2 호조씨는 어떻게 정권을 획득한 것입니까?

北条氏はどうやって政権を獲得したのですか？

---

3 '고케닌', '슈고', '지토'란 무엇이었습니까?

「御家人」「守護」「地頭」とは何だったのですか？

源頼朝　미나모토 요리토모

겐지와 호조씨

 30秒で、こう答えよう！

1 헤이케가 멸망하자, 미나모토 요리토모는 쇼군, 즉 정이대장군에 임명되어 1192년 가마쿠라에 막부를 일으켰습니다.

平家を滅ぼすと、源頼朝は将軍、すなわち征夷大将軍に任命され、1192年鎌倉に幕府を興しました。

---

2 3대 쇼군이 암살당하자, 호조씨가 집권하여 막부를 좌지우지했습니다.

3代将軍が暗殺されると、北条氏は執権として幕府を牛耳りました。

---

3 '고케닌'은 가마쿠라 막부를 위해 전사로서 복무한 신하였습니다. '슈고'란 각국을 통치하기 위해 막부에 의해 임명된 행정관이었습니다. '지토'란 막부에 의해 임명된 지방 장원의 관리관이었습니다.

御家人とは鎌倉幕府のために戦士として仕えた家来でした。守護とは、諸国を統治するために幕府によって任命された行政官でした。地頭とは幕府によって任命された地方の荘園の管理官でした。

2 承久の乱

? こんな質問をされたら？

1 조큐의 난의 원인은 무엇입니까?

承久の乱の原因はなんですか？

---

2 조큐의 난은 어떻게 전개되었습니까?

承久の乱はどのように展開しましたか？

---

3 조큐의 난의 결과 어떻게 되었습니까?

承久の乱の結果どうなりましたか？

承久の乱後、壱岐島に流罪となった後鳥羽上皇
조큐의 난 이후, 이키노시마에 유배된 고토바 상황

조큐의 난

 30秒で、こう答えよう！

1 막부와 조정이라는 2개의 세력이 존재하고 있었으므로, 조정은 가마쿠라 막부를 멸하고 지위의 탈환을 도모했습니다.

幕府と朝廷という2つの勢力が存在していたので、朝廷は鎌倉幕府を滅ぼして地位の奪還を図りました。

2 1221년, 조정과 가마쿠라 막부는 교토에서 싸웠고, 호조씨가 이끄는 막부에게 조정은 패하고 말았습니다.

1221年、朝廷と鎌倉幕府は京都で戦い、北条氏が率いる幕府に朝廷は敗れてしまいます。

3 조큐의 난의 결과, 가마쿠라 막부는 조정의 인가 아래 실질적인 행정력을 갖게 되었습니다.

承久の乱の結果、鎌倉幕府は朝廷の認可のもと実際の行政力を持つようになりました。

3 元寇

? こんな質問をされたら？

1 몽골이 침략한 원인은 무엇입니까?

元寇の原因はなんですか？

2 몽골의 침략은 어떻게 전개되었습니까?

元寇はどのように展開しましたか？

3 몽골이 침략한 결과는 어떻게 되었습니까?

元寇の結果どうなりましたか？

蒙古襲来絵詞　몽골 내습 그림책

몽골의 침략

 30秒で、こう答えよう!

1 몽골 제국의 황제 쿠빌라이 칸은 1271년에 중국에서 원 왕조를 시작하면서 일본에게 자신의 제국에 들어오도록 요구했습니다. 가마쿠라 막부가 몽골 제국의 요구를 거부하자 1274년과 1281년에 규슈에 군대를 파견했습니다.

モンゴル帝国の皇帝フビライ・ハーンは1271年に中国で元王朝を始め、日本に自分の帝国に入るように求めました。鎌倉幕府がモンゴル帝国の要求を拒むと1274年と1281年に九州に軍隊を派遣しました。

2 두 번의 대규모 침공은 강력한 군사적 저항에 더불어 선단이 태풍으로 파괴됨으로써 실패로 끝났습니다.

2つの大規模な侵攻は強い軍事的抵抗のうえに、船団が台風で破壊されたことにより、失敗に終わりました。

3 몽골의 침공을 방어하기 위해 가마쿠라 막부에 막대한 비용이 들어갔습니다. 그래서 막부를 위해 싸운 고케닌들은 재무위기에 직면했습니다.

モンゴルの侵攻を防ぐために鎌倉幕府には膨大な費用がかかりました。そして、幕府のために戦った御家人たちは財務危機に直面しました。

4 鎌倉文学

? こんな質問をされたら？

1 가마쿠라 문학의 특징은 무엇입니까?

鎌倉文学の特徴はなんですか？

2 왜 후지와라노 데이카는 문학에 있어서 중요 인물이 된 것입니까?

なぜ藤原定家は文学の上で重要人物とされたのですか？

3 이 시기에 쓰인 저명한 수필을 가르쳐주세요.

この時期に書かれた著名な随筆を教えてください。

吉田兼好　요시다 겐코

가마쿠라 문학

 30秒で、こう答えよう！

1 말법이나 사후의 행복을 희구하는 불교에 영향을 받은 많은 문예
예술작품이 탄생했습니다.

末法や死後の幸福を希求する仏教に影響された多くの文芸、芸術作
品が生まれました。

---

2 후지와라노 데이카는 『신고킨와카슈』라는 와카집을 편찬한 가인
으로서 유명했습니다.

藤原定家は『新古今和歌集』という和歌集を編纂した歌人として有
名でした。

---

1 가모노 조메이는 가마쿠라 초기의 승려이자 가인이었지만 『호조
키』라는 수필은 일본인에게 유명합니다. 요시다 겐코는 가마쿠라
시대의 승려이자 가인이었습니다. 『쓰레즈레쿠사』라는 그의 수필
은 중세 일본문학의 보석으로 여겨지고 있습니다.

鴨長明は鎌倉初期の僧侶であり歌人でしたが、『方丈記』という随
筆は日本人には有名です。吉田兼好は鎌倉時代の僧であり歌人でし
た。『徒然草』という彼の随筆は中世日本文学の宝石と考えられて
います。

5 鎌倉仏教

? こんな質問をされたら？

1 정토진종은 왜 가마쿠라 시대에 널리 믿게 된 것입니까?

浄土真宗はなぜ鎌倉時代に広く信じられるようになったのですか？

2 선종은 어떠한 불교입니까?

禅宗とはどのような仏教ですか？

3 일연종은 어떠한 불교입니까?

日蓮宗とはどのような仏教ですか？

日蓮上人像　니치렌 쇼닌의 동상

가마쿠라 불교

 30秒で、こう答えよう！

1 정토진종의 가르침은 매우 간단하여 아미타불을 믿으면 누구라도 구원받는 것을 보증하고 있었으므로, 많은 사람들에게 받아들여졌습니다.

浄土真宗の教えは非常に簡単であり、阿弥陀仏を信じるものは誰でも救われることを保証していたので、多くの人々に受け入れられました。

2 선종은 봉건 시대에 무사계급 사이에서 인기 있는 신앙이었습니다. 왜냐하면 금욕적인 수행에 의해 정신력을 높일 것을 요구했기 때문입니다.

禅宗は封建時代に武士階級の間で人気の信仰でした。というのも、禁欲的な修行によって精神力を高めることを求めたからです。

3 일연종은 13세기에 니치렌이라는 승려에 의해서 시작된 종파입니다. 니치렌은 법화경을 외우기만 하면 깨달음을 얻으리라고 믿었습니다.

日蓮宗は、13世紀に日蓮という僧によって興された宗派です。日蓮は法華経を唱えさえすれば悟りを開けると信じていました。

6 鎌倉幕府の崩壊と建武の新政

❓ こんな質問をされたら？

1 가마쿠라 막부는 언제 멸망했습니까?

鎌倉幕府はいつ滅びましたか？

---

2 겐무 신정이란 어떤 정치입니까？

建武の新政とはどのような政治ですか？

---

3 겐무 신정은 왜 실패한 것입니까？

建武の新政はどうして頓挫したのですか？

後醍醐天皇　고다이고 천황

가마쿠라 막부의 붕괴와 겐무 신정

 30秒で、こう答えよう！

1 1333년 고다이고 천황과 유력 고케닌인 닛타 요시사다가 가마쿠라를 공격하여 호조씨와 막부를 쓰러뜨렸습니다.

1333年、後醍醐天皇と有力な御家人である新田義貞は鎌倉を攻撃し、北条氏と幕府を倒しました。

2 겐무 신정은 가마쿠라 막부 붕괴 이후 1333년에 고다이고 천황에 의해서 시작되었습니다. 고다이고 천황은 천황과 귀족의 정부를 재건하려고 했습니다.

建武の新政は鎌倉幕府崩壊後、1333年に後醍醐天皇によって始められました。後醍醐天皇は天皇と貴族の政府を再建しようとしました。

3 아시카가 다카우지가 이끄는 사무라이가 고다이고 천황의 군대를 물리치면서 겐무 신정은 2년 만에 실패했습니다.

足利尊氏が率いた侍が後醍醐天皇の軍隊を打ち負かし、建武の新政は2年で頓挫しました。

第7章

제7장

室町時代

무로마치 시대

1 室町幕府と南北朝

? こんな質問をされたら？

1 아시카가 다카우지는 어떤 인물입니까?

足利尊氏とはどのような人物ですか

---

2 남북조는 어떤 시대입니까?

南北朝とはどのような時代ですか？

---

3 남북조는 언제 해소되었습니까?

南北朝はいつ解消されましたか？

足利尊氏　아시카가 다카우지

무로마치 막부와 남북조

 30秒で、こう答えよう！

1 아시카가 다카우지는 가마쿠라 막부에서 호조씨를 섬긴 유력 고케닌의 아들이었습니다. 1336년 교토에서 무로마치 막부를 일으켰습니다.

足利尊氏は鎌倉幕府で北条氏に仕えた有力御家人の子でした。1336年京都に室町幕府を興しました。

2 무로마치 막부와 요시노 조정이 서로 충돌했던 시대를 남북조 시대라고 부릅니다. 일본은 두 나라로 분단되었습니다.

室町幕府と吉野の朝廷が互いに衝突した時代は南北朝時代と呼ばれます。日本は2つに分断されました。

3 아시카가 요시미쓰가 권좌에 있을 때 남조가 지속을 포기함으로써 1392년 남북조 시대는 종언을 맞이했습니다.

足利義満が権力の座にあったとき南朝は継続をあきらめ、1392年南北朝時代は終焉を迎えました。

2 北山文化

? こんな質問をされたら？

1 기타야마 문화는 언제 번창했습니까?

北山文化はいつ繁栄しましたか？

---

2 기타야마 문화의 사상적 배경은?

北山文化の思想的背景は？

---

3 노와 교겐은 어떻게 해서 성립했습니까?

能、狂言はどのようにして成立しましたか？

金閣寺　금각사

기타야마 문화

 30秒で、こう答えよう！

1 기타야마 문화는 불교문화로서 아시카가 요시미쓰 시대에 꽃을 피웠습니다. 교토의 금각사는 기타야마 문화의 전형적인 예입니다.

北山文化は仏教文化で足利義満の時代に開花しました。京都金閣寺は北山文化の典型例です。

2 특히 선의 사상과 철학은 아시카가 요시미쓰 시대에 건축이나 정원에 널리 받아들여졌습니다.

特に、禅の思想や哲学は足利義満の時代に建築や庭園に広く取り入れられました。

3 노와 교겐은 아시카가 요시미쓰의 보호를 받아 예능으로서 성립했습니다.

能や狂言は足利義満の保護を受けて芸能として成立しました。

3 倭寇と応仁の乱

❓ こんな質問をされたら？

1 왜구란 무엇입니까?

倭寇とはなんですか？

- -

2 오닌의 난은 어떤 전쟁이었습니까?

応仁の乱とはどうのような戦争ですか？

- -

3 오닌의 난의 결과는 어떻게 되었습니까?

応仁の乱の結果どうなりましたか？

- -

「応仁の乱勃発地」の石碑　「오닌의 난 발발지」의 비석

왜구와 오닌의 난

 30秒で、こう答えよう！

1 왜구는 조선과 중국 연안을 침범한 일본인 해적으로 13세기부터 15세기에 걸쳐 매우 활발했습니다.

倭寇とは朝鮮や中国沿岸に侵犯した日本人の海賊で、13世紀から15世紀にかけて、非常に活動的でした。

2 오닌의 난은 호소카와씨와 야마나씨 사이의 일련의 싸움으로 교토에서 11년간 계속되었습니다.

応仁の乱とは細川氏と山名氏の間の一連の戦いで、京都で11年間続きました。

3 오닌의 난이 일어난 사이에 교토의 대부분이 파괴되었고 쇼군의 세력은 극단적으로 약해졌습니다. 오닌의 난 이후 일본은 내전의 시대에 빠졌습니다.

応仁の乱の間に京都のほとんどが破壊され、将軍の勢力は極端に弱まりました。応仁の乱後、日本は内戦の時代に陥りました。

4 東山文化

❓ こんな質問をされたら？

1 히가시야마 문화는 어떤 문화입니까?

東山文化とはどのような文化ですか？

---

2 히가시야마 문화의 특징은 어떤 것입니까?

東山文化の特徴はどのようなものですか？

---

3 히가시야마 문화는 어디에서 볼 수 있습니까?

東山文化はどこに見られますか？

銀閣寺　은각사

히가시야마 문화

 30秒で、こう答えよう！

1 히가시야마 문화는 교토를 탈출한 예술가에 의해서 만들어진 전시 중의 문화입니다. 은각사는 히가시야마 문화의 전형적인 예입니다.

東山文化とは京都を逃れた芸術家によって創られた戦時中の文化です。銀閣寺は東山文化の典型例です。

---

2 정원, 예술, 예능으로 표현된 '와비', '사비', '유겐'이라는 개념은 히가시야마 문화의 움직임 속에서 확립되었습니다.

庭園、芸術、芸能で表現された侘び、寂び、幽玄という概念は東山文化の動きの中で確立されました。

---

3 다도나 참선을 위한 정원, 그 외에도 많은 세련된 아름다운 것들은 아직도 즐길 수 있으며, 그것들은 히가시야마 문화가 개화한 때에 발전했습니다.

茶道や禅庭、他にも多くの洗練された美しい物事は今なお楽しむことができますが、それらは東山文化が開花したときに発展しました。

5 戦国時代

? こんな質問をされたら？

1 센고쿠 시대란 어떤 시대입니까?

戦国時代とはどのような時代ですか？

---

2 하극상이란 무엇입니까?

下剋上とはなんですか？

---

3 센고쿠 다이묘는 어떻게 성립한 것입니까?

戦国大名はどのようにして成立したのですか？

戦国大名 上杉謙信　센고쿠 다이묘 우에스기 겐신

센고쿠 시대

 30秒で、こう答えよう！

1 센고쿠 시대는 무로마치 시대 중에서 일본이 혼돈의 내전 상태에 들어갔던 시대입니다.

戦国時代とは室町時代の中で日本が混沌とした内戦状態に入った時代のことです。

---

2 하극상은 윗사람의 영지와 이익을 뺏기 위한 반란을 나타내는 말입니다. 센고쿠 시대에 많은 슈고 다이묘는 가신들의 반란으로 끌려 내려왔습니다.

下克上とは、目上の者の領地や利益を奪い取るための反乱を表わす言葉です。戦国時代に、多くの守護大名は家臣の反乱で引きずりおろされました。

---

3 일련의 하극상으로 수많은 다이묘가 권좌에서 내려오게 되었습니다. 16세기에 일본은 내전에서 살아남은 센고쿠 다이묘에 의해서 분할되었습니다.

一連の下克上により、多くの大名は権力の座から降ろされました。16世紀に日本は内戦を生き延びた戦国大名によって分割されました。

---

6 戦国大名 その1

❓ こんな質問をされたら？

1 다케다 신겐은 어떤 인물입니까?

武田信玄とはどのような人物ですか？

---

2 우에스기 겐신은 어떤 인물입니까?

上杉謙信とはどのような人物ですか？

---

3 가와나카지마 전투란?

川中島の合戦とは？

川中島の合戦　가와나카지마 전투

센고쿠 다이묘 1

 30秒で、こう答えよう！

1 다케다 신겐은 센고쿠 시대의 유명한 다이묘 가운데 한 명으로, 16세기 중반 현재의 야마나시와 나가노에 강대한 영지를 가지고 있었습니다.

武田信玄は戦国時代の有名な大名の一人で16世紀半ば現在の山梨や長野に強大な領地を持っていました。

2 우에스기 겐신은 다케다 신겐의 라이벌로서 지금의 니가타 현인 에치고를 영지로 하고 있었습니다.

上杉謙信は武田信玄のライバルで、今の新潟県である越後を領地としていました。

3 가와나카지마 전투는 다케다 신겐과 우에스기 겐신에 의한 일련의 유명한 싸움으로 지금의 나가노 시 근교에서 이루어졌습니다.

川中島の合戦とは武田信玄と上杉謙信による一連の有名な戦いで、今の長野市近郊で行われました。

7 戦国大名 その2

❓ こんな質問をされたら？

1 호조 소운은 어떤 인물입니까?

北条早雲とはどのような人物ですか？

2 모리 모토나리는 어떤 인물입니까?

毛利元就とはどのような人物ですか？

3 다테 마사무네는 어떤 인물입니까?

伊達政宗とはどのような人物ですか？

小田原城　오다와라 성

센고쿠 다이묘 2

 ## 30秒で、こう答えよう！

1 호조 소운은 16세기 중반의 유력 다이묘로서 미나미간토를 통합했습니다. 그 근거지는 오다와라 성에 있었습니다.

北条早雲は16世紀半ばの有力大名で南関東を統合しました。その本丸は小田原城にありました。

2 모리 모토나리는 16세기 중반에 주고쿠 지방을 통치한 유명한 다이묘였습니다.

毛利元就は16世紀半ばに中国地方を統治した有名な大名でした。

3 다테 마사무네는 도호쿠 지방, 현재의 미야기 현에서 영토를 확장한 유력 다이묘였습니다.

伊達政宗は東北地方の現在の宮城県で領土を拡大した有力大名でした。

8 西洋との出会い

? こんな質問をされたら？

1 기독교는 일본에서 어떻게 발전했습니까?

   キリスト教は日本でどのように発展しましたか？

---

2 철포는 언제 일본에 들어왔습니까?

   鉄砲はいつ日本にもたらされましたか？

---

3 사카이 상인은 어떤 사람들이었습니까?

   堺商人とはどのような人たちですか？

フランシスコ・ザビエル　프란시스코 자비에르

서양과의 만남

 30秒で、こう答えよう！

1 철포와 함께 1549년 프란시스코 자비에르에 의해서 기독교가 일본에 들어왔습니다. 1582년 기독교로 개종한 다이묘는 로마에 사절을 파견했습니다.

鉄砲とともに、1549年フランシスコ・ザビエルによってキリスト教が日本にもたらされました。1582年、キリスト教に改宗した大名はローマに使節を派遣しました。

2 1543년 포르투갈 선박이 가고시마 현의 남쪽 섬 가운데 하나인 다네가시마에 도착했을 때 철포가 일본에 소개되었습니다. 철포의 전래는 사무라이의 전투 방식을 바꿨습니다.

1543年、ポルトガル船が鹿児島県の南の島の一つである種子島に到着したとき、鉄砲が日本に紹介されました。鉄砲の伝来は侍の戦い方を変えました。

3 오사카 남부에 있던 사카이 상인은 철포와 서양의 또 다른 상품을 팔아서 힘을 쌓았습니다. 바로 이탈리아의 베니스 상인과 똑같습니다.

大阪の南部にある堺の商人は、鉄砲や西洋の他の商品を売って力をつけました。まさに、イタリアのベニスの商人と同様です。

第8章
제8장

安土桃山時代
아즈치모모야마 시대

1 戦国時代の終了

? こんな質問をされたら？

1 무로마치 막부는 언제 멸망했습니까?

室町幕府はいつ滅びましたか？

2 아즈치모모야마 시대는 어떤 시대입니까?

安土桃山時代はどんな時代ですか？

3 서양과의 관계는 어떻게 되었습니까?

西洋との関係はどうなりましたか？

織田信長（狩野元秀画）　오다 노부나가（가노 모토히데 그림）

센고쿠 시대의 종료

 30秒で、こう答えよう！

1 오다 노부나가는 1573년에 드디어 아시카가씨의 마지막 쇼군을 교토에서 추방하고, 무로마치 막부를 전복시켰습니다.

織田信長は1573年についに足利氏の最後の将軍を京都から追放し、室町幕府を転覆させました。

2 아즈치모모야마 시대는 1573년부터 1603년 사이에 오다 노부나가와 도요토미 히데요시가 일본의 막강한 지도자가 된 시대였습니다.

安土桃山時代は1573年から1603年の間で、織田信長と豊臣秀吉が日本の強大なリーダーとなった時代でした。

3 아즈치모모야마 시대에 들어 일본과 서양 여러 국가와의 무역은 번영했습니다.

安土桃山時代になって、日本と西洋諸国との貿易は繁栄しました。

第8章

安土桃山時代

2 織田信長

? こんな質問をされたら？

1 오다 노부나가는 어떤 인물이었습니까?

織田信長はどんな人物でしたか？

---

2 오다 노부나가는 어떤 일을 했습니까?

織田信長はどのようなことをしましたか？

---

3 오다 정권은 왜 망한 것입니까?

織田政権はどうして滅んだのですか？

延暦寺　엔라쿠지

오다 노부나가

 30秒で、こう答えよう！

1 오다 노부나가는 그 강렬한 개성과 오랜 전통에 맞서는 모습으로 인해 일본 역사상 가장 인기 있는 영웅이 되었습니다.

織田信長は、その強烈な個性と古い伝統に立ち向かう姿により、日本の歴史上、最も人気のあるヒーローの一人となっています。

2 오다 노부나가는 영지를 확대하고, 엔랴쿠지를 공격하여 불태움으로써 일향종을 진압했습니다. 그들이 정치적으로 큰 위협이 되었기 때문입니다.

織田信長は領地を拡大し、延暦寺を攻撃し燃やすことによって一向宗を鎮圧しました。彼らは政治的に大きな脅威となっていたからです。

3 1582년 6월, 오다 노부나가는 교토의 혼노지에서 가장 유력한 가신 가운데 한 명인 아케치 미쓰히데에게 배신당해 살해당했습니다.

1582年6月、織田信長は京都の本能寺で、最も有力な家臣の一人であった明智光秀に裏切られ、殺されました。

3 豊臣秀吉

? こんな質問をされたら？

1 도요토미 히데요시는 어떤 인물이었습니까?

豊臣秀吉はどんな人物でしたか？

---

2 도요토미 히데요시는 어떻게 천하를 통일했습니까?

豊臣秀吉はどうやって天下を統一しましたか？

---

3 히데요시의 사생활은 어떠했습니까?

秀吉の私生活はどんな風でしたか？

豊臣秀吉 (狩野光信画)
도요토미 히데요시(가노 미쓰노부 그림)

도요토미 히데요시

 30秒で、こう答えよう！

1 도요토미 히데요시는 1554년에 오다 노부나가에게 등용되어 천부의 재주로 이례적인 속도로 출세했습니다.

   豊臣秀吉は1554年に織田信長に登用され、天賦の才によって異例の早さで出世しました。

---

2 히데요시는 아케치 미쓰히데를 살해한 후, 라이벌들을 무찌르고 오다 노부나가의 후계자가 되었습니다. 1590년에 오다와라의 호조씨를 꺾고 마침내 일본을 통일했습니다.

   秀吉は明智光秀の殺害後、ライバルたちを打ち負かし、織田信長の後継者となりました。1590年に小田原の北条氏を打ち負かし、ついに日本を統一しました。

---

3 도요토미 히데요시는 오다 노부나가의 조카인 후궁 요도기미를 총애하고 있었습니다. 그리고 이 둘 사이의 아들이 도요토미 히데요시의 계승자가 되었습니다.

   豊臣秀吉は織田信長の姪である側室の淀君を寵愛していました。そして二人の息子が豊臣秀吉の継承者となりました。

---

4 秀吉の政策

? こんな質問をされたら？

1 오사카 성은 언제 생긴 것입니까?

大坂城はいつできたのですか？

---

2 이 시대에 조세가 안정되었다고 하는데, 어떤 정책이었습니까?

この時代に租税が安定したとされますが、どういう政策をしたのですか？

---

3 '칼 사냥'은 어떤 정책입니까?

刀狩とはどういう政策ですか？

大阪城　오사카 성

히데요시의 정책

 30秒で、こう答えよう！

1 히데요시는 1583년 거성으로서 오사카 성을 만들었습니다.

秀吉は1583年、拠城として大坂城を造りました。

---

2 다이코 겐치(토지조사)에 의해서 각 지구에서의 조세 부담액이 제정되었고, 병농분리가 이루어졌습니다.

太閤検地によって各地区での租税の支払額が制定され、兵農分離がなされました。

---

3 '칼 사냥'(도수령)은 농민이 소유한 칼을 빼앗는 정책이었습니다. 도요토미 히데요시는 사무라이를 농민보다 더 높은 지위로 분리하려고 했습니다.

刀狩とは農民が所有する刀を奪い取る政策でした。豊臣秀吉は侍を農民よりも高い地位へ分離しようとしました。

---

5 朝鮮出兵

? こんな質問をされたら？

1 조선 출병이란 무엇입니까?

朝鮮出兵とは何ですか？

---

2 이 전쟁으로 이마리 등에서 도자기가 발달했다고 하는데 어떻게 된 것입니까?

この戦争で、伊万里などで陶磁器が発達したといいますが、どういうことですか？

---

3 이 전쟁은 어떻게 수습되고 어떤 결과를 가져왔습니까?

この戦争はどう収束し、どんな結果をもたらしましたか？

伊万里焼　이마리 도자기

조선 출병

 30秒で、こう答えよう！

1 도요토미 히데요시는 중국의 명나라에 선전포고하고 조선을 침략했습니다.

豊臣秀吉は中国の明朝に宣戦布告し、朝鮮を侵略しました。

---

2 도요토미 히데요시의 군대가 조선을 침략했을 때 많은 도공을 데리고 돌아가 규슈에서 산업을 육성하려고 했기 때문입니다.

豊臣秀吉の軍隊が朝鮮を侵略したとき、多くの陶工を連れて帰り、九州で産業を育成しようとしたからです。

---

3 도요토미 히데요시의 죽음으로 일본의 조선 침략은 끝났지만, 이 전쟁으로 한반도와 명나라에 심각한 타격을 주었습니다.

豊臣秀吉の死によって日本の朝鮮侵略は終わりましたが、この事変は朝鮮半島と明朝に深刻なダメージを与えました。

---

6 関ヶ原の戦い

? こんな質問をされたら？

1 세키가하라 전투의 원인은 무엇입니까?

　 関ヶ原の戦いの原因はなんですか？

2 세키가하라 전투에서는 누가 이겼습니까?

　 関ヶ原の戦いではだれが勝ちましたか？

3 세키가하라 전투의 결과, 정치는 어떻게 되었습니까?

　 関ヶ原の戦いの結果、政治はどうなりましたか？

石田三成像　이시다 미쓰나리

세키가하라 전투

 30秒で、こう答えよう！

1 도요토미 히데요시의 사후, 가장 유력한 다이묘였던 도쿠가와 이에야스와 히데요시의 측근이었던 이시다 미쓰나리가 권력 투쟁을 벌인 것입니다.

豊臣秀吉の死後、最も有力な大名の一人であった徳川家康と秀吉の側近であった石田三成が権力闘争を行ったことです。

2 1600년, 세키가하라 전투를 시초로 도쿠가와 이에야스와 그와 동맹한 다이묘는 이시다 미쓰나리의 군대를 물리쳤습니다.

1600年、関ヶ原の戦いが起こり、徳川家康と彼と同盟した大名は石田三成の軍隊を敗りました。

3 세키가하라 전투 이후 도요토미 일족에서 도쿠가와 일족으로 극적인 권력의 교체가 이루어졌습니다.

関ヶ原の戦い後、豊臣氏から徳川家へと劇的な権力の交代が行われました。

7 安土桃山文化

? こんな質問をされたら？

1 이 시대에 성이 예술화했다고 하는데 어떤 것입니까?

この時代に城が芸術化したといいますが、どういうことですか？

2 서양 문화의 영향은 어디에서 볼 수 있습니까?

西洋文化の影響はどこに見ることができますか？

3 다도는 누구에 의해서 확립되었습니까?

茶道は誰によって確立されましたか？

千利休　센노 리큐

아즈치모모야마 문화

 30秒で、こう答えよう！

1 아즈치모모야마 시대의 유력 다이묘는 내부 장식이 호화로운 성을 건립했고, 가노파의 화가들이 유명한 성에서 많은 장벽화를 창작했기 때문입니다.

安土桃山時代の有力大名は内装が豪華な城を建立しまし、狩野派の絵師たちが有名な城で多くの障壁画を創作したからです。

2 남만 문화의 영향은 아즈치모모야마 시대에 그려진 병풍에서 볼 수 있습니다.

南蛮文化の影響は安土桃山時代に描かれた屏風に見ることができます。

3 다도는 오사카 남부의 사카이 출신인 센노 리큐에 의해서 확립되었습니다.

茶道は、大阪南部の堺出身である千利休によって確立されました。

第9章
제9장

江戸時代
에도 시대

1 江戸時代の始まり

❓ こんな質問をされたら？

1 에도 시대는 언제부터 언제까지입니까?

江戸時代はいつからいつまでですか？

---

2 에도 막부는 어디에 있었습니까?

江戸幕府はどこにありましたか？

---

3 도요토미 정권은 언제 끝났습니까?

豊臣政権はいつ終わりましたか？

皇居　황궁

에도 시대의 시작

 30秒で、こう答えよう！

1 1603년 도쿠가와 이에야스는 쇼군에 임명되어 도쿠가와 막부를 열었습니다. 에도 시대는 1603년부터 1868년까지로 도쿠가와 막부의 시대였습니다.

1603年、徳川家康は将軍に任命され、徳川幕府を開きました。江戸時代は1603年から1868年の間で、徳川幕府の時代でした。

---

2 에도 시대, 쇼군과 막부는 에도 성에 거처했습니다. 이것이 현재 도쿄에 있는 황궁입니다.

江戸時代、将軍と幕府は江戸城におかれました。これは現在の東京にある皇居です。

---

3 1615년에 도쿠가와 이에야스는 오사카 성을 공격하여 도요토미 히데요시의 아들인 도요토미 히데요리를 마침내 물리쳤습니다.

1615年に、徳川家康は大坂城を攻め立て、豊臣秀吉の子である豊臣秀頼をついに打ち負かしました。

---

2 徳川家康

？ こんな質問をされたら？

1 어린 시절의 이에야스는 어떠했습니까?

幼い頃の家康はどんなでしたか？

---

2 이에야스는 어떻게 천하를 얻은 것입니까?

家康はどうやって天下を取ったのですか？

---

3 노부나가, 히데요시, 이에야스를 각각 비교해주세요.

信長、秀吉、家康をそれぞれ比較してください。

徳川家康　도쿠가와 이에야스

도쿠가와 이에야스

 30秒で、こう答えよう！

1 도쿠가와 이에야스는 어린 시절 현재의 시즈오카 현인 스루가의 유력 다이묘인 이마가와 가문에 인질로서 지냈습니다.

徳川家康は子どもの頃、現在の静岡県である駿河の有力大名である今川家の人質として過ごしました。

2 도요토미 히데요시의 사후, 도쿠가와 이에야스는 라이벌인 이시다 미쓰나리를 물리치고 1603년 쇼군이 되었습니다.

豊臣秀吉の死後、徳川家康はライバルの石田三成を敗り、1603年、将軍になりました。

3 도쿠가와 이에야스는 '인내의 영웅'으로 불립니다. 한편, 도요토미 히데요시는 '책략의 영웅'으로 불리고, 오다 노부나가는 '혁신적 영웅'으로 알려져 있습니다.

徳川家康は「忍耐の英雄」と呼ばれます。一方、豊臣秀吉は「策略の英雄」と呼ばれ、織田信長は「革新的英雄」として知られています。

3 キリスト教の禁止

? こんな質問をされたら？

1 막부는 왜 기독교를 금지한 것입니까?

幕府はなぜキリスト教を禁止したのですか？

---

2 기독교는 언제 금지되었습니까?

キリスト教はいつ禁止されましたか？

---

3 기독교인의 반란 '시마바라의 난'이란?

キリスト教徒の叛乱「島原の乱」とは？

踏み絵　후미에

天草四郎像　아마쿠사 시로의 동상

기독교의 금지

 30秒で、こう答えよう！

1 도쿠가와 막부는 기독교의 보급을 걱정했습니다. 일본이 서양의 열
강에 침략당하지 않을까 하는 두려움이 있었기 때문입니다.

徳川幕府はキリスト教の普及を心配していました。日本が西洋の列
強に侵略されるのでないかと恐れていたからです。

2 도쿠가와 막부는 1612년 기독교를 금지했습니다. 많은 기독교인이
박해받거나 일본에서 추방되었습니다.

徳川幕府は1612年、キリスト教を禁止しました。多くのキリスト
教徒が迫害されたり、日本から追放されました。

3 1637년, 무거운 세금과 기독교도에 대한 박해 때문에 규슈 서부에
서 대규모 반란이 일어났습니다. 3만 7,000명 이상이 결속하여 지
역의 다이묘를 무너뜨렸습니다.

1637年、重税とキリスト教徒への迫害のために、九州西部で大規模
な反乱が起きました。3万7000人以上が結束し、地域の大名を倒し
ました。

4 鎖国

? こんな質問をされたら？

1 쇄국정책은 언제 시작했습니까?

쇄国政策はいつ始まりましたか？

---

2 쇄국 시대에도 교역했던 외국은 어디입니까?

鎖国時代も交易していた外国はどこですか？

---

3 쇄국정책에 의한 영향은?

鎖国政策による影響は？

鎖国時代の中国船　쇄국 시대의 중국선박

30 秒で、こう答えよう！

1 시마바라의 난을 진압하자 도쿠가와 막부는 스페인인과 포르투갈인을 일본에서 추방하기로 결정했습니다.

島原の乱を鎮圧すると、徳川幕府はスペイン人とポルトガル人を日本から追放することに決めました。

---

2 1639년 이후, 네덜란드, 중국, 조선만이 일본과 국제관계를 유지하도록 허가받고 있었습니다. 일본인의 국외 도항은 금지되고, 해외의 일본인이 일본으로 돌아오는 것도 금지되었습니다.

1639年以降、オランダ、中国、朝鮮だけが日本と国際関係を維持することを許されていました。日本人の国外渡航は禁じられ、海外の日本人が日本に戻ることも禁じられました。

---

3 동남아시아의 모든 일본의 무역 거점은 쇠퇴했습니다. 쇄국정책은 210년 이상 이어지면서 일본인의 문화에 큰 영향을 끼쳤습니다.

東南アジアのすべての日本の貿易拠点は衰退しました。鎖国政策は210年以上も続き、日本人の文化に大きな影響を与えました。

第9章
江戸時代

5 大名と幕府

? こんな質問をされたら？

1 다이묘와 막부는 어떤 관계였습니까?

大名と幕府はどんな関係でしたか？

2 고산케는 어떤 다이묘입니까?

御三家とはどういう大名ですか？

3 다이묘는 어떤 의무가 있었습니까?

大名にはどんな義務がありましたか？

参勤交代行列図　참근교대 행렬도

다이묘와 막부

 30秒で、こう答えよう！

1 막부는 다이묘를 지배했습니다. 다이묘란 쇼군을 따르는 봉건 영주였지만, 영지를 지배하는 자치권을 가지고 있었습니다.

幕府は大名を支配しました。大名とは将軍に臣ずる封建領主でしたが、領地を支配する自治権を持っていました。

---

2 고산케는 가장 중요한 3대 다이묘 가문으로 쇼군의 친족이었습니다. 그들은 오와리, 기이, 미토의 다이묘였습니다.

御三家とは、最も重要な3大名家で、将軍の親族でした。彼らは、尾張、紀伊、水戸の大名でした。

---

3 다이묘는 2년마다 에도를 방문하여 1년간 에도에 머무르며 쇼군을 섬겨야 했습니다. 다이묘의 처자는 다이묘가 모반을 일으키지 않도록 하기 위해 에도에 살지 않으면 안 되었습니다.

大名は、2年ごとに江戸を訪れ、1年間江戸に留まり将軍に仕えなければなりませんでした。大名の妻子は、大名が謀反を起こさないように、江戸に住まなければなりませんでした。

---

6 身分制度と農本経済

? こんな質問をされたら？

1 사농공상은 무엇입니까?

士農工商とはなんですか？

---

2 연공은 무엇입니까?

年貢とはなんですか？

---

3 사무라이의 급료는 어떠했습니까?

侍の給料はどうなっていましたか？

農人（和漢三才図絵）　농민（와칸 산사이 도화）

신분제도와 농본경제

 30秒で、こう答えよう！

1 사농공상은 도쿠가와 막부에 의해서 시행된 계급제도로서 1868년에 도쿠가와 시대가 끝날 때까지 엄격히 준수되고 있었습니다. 정점이 사무라이로 농민, 직인, 상인이 뒤를 이었습니다.

士農工商は徳川幕府によって施行された階級制度で、1868年に徳川時代が終わるまで、厳しく遵守させられました。頂点が侍で、農民、職人、商人がこれに続きました。

2 연공은 농민이 지불하는 조세였습니다. 다이묘의 부의 양은 영지의 쌀 수확량에 근거하여 계산되었습니다.

年貢とは、農民によって支払われる租税のことでした。大名の富の量は、領地の米の収穫高に基づいて計算されました。

3 도쿠가와 시대 사무라이의 급료는 쌀로 지급되었으며 그 쌀을 현금으로 바꾸었습니다.

徳川時代、侍の給料は米で支払われ、その米を現金に替えていました。

第9章

江戸時代

7 元禄文化

? こんな質問をされたら？

1 쇼군 쓰나요시의 시대에 발달한 문화를 뭐라고 합니까?

将軍綱吉の時代に発達した文化をなんといいますか？

---

2 겐로쿠 시대에 발달한 문화에는 어떤 것이 있습니까？

元禄時代に発達した文化にはどのようなものがありますか？

---

3 겐로쿠 시대의 유명한 문화인은 누구입니까？

元禄時代の有名な文化人は誰ですか？

井原西鶴像（生國魂神社）
이하라 사이카쿠의 동상(이쿠쿠니타마 신사)

겐로쿠 문화

 30秒で、こう答えよう！

1 도쿠가와 쓰나요시는 제5대 쇼군으로서 겐로쿠라는 그의 치세에는
에도와 가미가타 문화가 처음으로 정점을 맞이했습니다.

徳川綱吉は第5代将軍でしたが、元禄という彼の治世は江戸と上方
の文化が最初のピークを迎えました。

2 겐로쿠 시대에는 가부키나 분라쿠와 같은 예능이 에도와 오사카 사
람들에게 오락으로서 인기가 있었습니다.

元禄時代、歌舞伎や文楽といった芸能は江戸や大阪の人たちに、娯
楽として人気がありました。

3 이하라 사이카쿠는 겐로쿠 시대의 소설가이자 시인으로서 『고쇼
쿠이치타이오토코(호색일대남)』등의 작품이 큰 히트를 쳤습니다.
지카마쓰 몬자에몬은 가부키와 분라쿠의 가장 위대한 극작가로 알
려져 있습니다.

井原西鶴は元禄時代の小説家であり俳人でしたが、『好色一代男』
などの作品が大ヒットしました。近松門左衛門は歌舞伎や文楽の最
も偉大な劇作家として知られています。

8 江戸時代の経済

❓ こんな質問をされたら？

1 당시 에도의 규모는 어느 정도였습니까?

当時の江戸の規模はどのくらいですか？

2 에도 시대의 교통은 어떤 것이었습니까?

江戸時代の交通はどういうものでしたか？

3 에도 시대의 물류와 정보통신은 어떻게 하고 있었습니까?

江戸時代の物流や情報通信はどうしていましたか？

飛脚　비각

에도 시대의 경제

 30秒で、こう答えよう！

1 18세기 에도는 세계 제일의 대도시가 되었습니다. 인구는 100만 명을 넘고 있었습니다.

18世紀、江戸は世界一の大都市になりました。人口は100万人を超えていました。

2 에도 시대는 매우 평화로운 시대여서 지역 교류도 활발해졌습니다. 그것을 지탱한 것이 도로의 정비입니다. 또한 각 도로에 숙박마을이 발달했습니다.

江戸時代は非常に平和な時代だったので、地域交流も活発になりました。それを支えたのが街道の整備です。また、各街道に宿場町が発達しました。

3 도로의 정비로 우편제도가 발달하고, 비각이라 불리는 역전제도로 정보의 신속화를 도모할 수 있었습니다.

街道の整備で郵便制度が発達し、飛脚と呼ばれる駅伝制度で情報の迅速化が図られました。

9 江戸時代の社会問題

❓ こんな質問をされたら？

1 잇키란 무엇입니까?

一揆とはなんですか？

---

2 다이묘는 어떤 상황에 처해져 있었습니까?

大名はどのような状況に置かれていましたか？

---

3 에도 시대의 큰 사회문제는 무엇입니까?

江戸時代の大きな社会問題はなんですか？

江戸時代の商人　에도 시대의 상인

에도 시대의 사회문제

 30秒で、こう答えよう！

1 잇키는 무거운 조세나 빈곤에 대한 농민의 반란을 가리키는 말입니다. 에도 시대가 끝날 무렵에는 기근과 빈곤으로 무수한 폭동이 일어났습니다.

一揆とは、重い租税や貧困に対する農民の反乱を指すことばです。江戸時代の終わりには、飢饉と貧困は無数の一揆を引き起こしました。

2 많은 다이묘가 재정난에 직면해 있었습니다. 번을 운영하기 위해 상인에게 거액의 부채를 지고 있었습니다.

多くの大名が財政難に直面していました。藩を運営するために商人に巨額の負債を負っていました。

3 거대 상인이 출현하여 부를 축적했지만 빈부 격차가 확대되었고 또한 도시와 농촌 간의 격차도 커졌습니다.

大きな商人が出現し、富を蓄積していましたが、貧富の格差は拡大し、また都市と農村の格差も拡大しました。

10 化政文化

❓ こんな質問をされたら？

1 이 시대의 우키요에에는 어떤 것이 있습니까?

この時代の浮世絵にはどういうものがありますか？

-----

2 국학이란 무엇입니까?

国学とはなんですか？

-----

3 난학이란 무엇입니까?

蘭学とはなんですか？

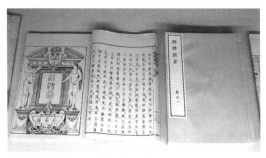

解体新書　해체신서

분카 , 분세이 문화

 30秒で、こう答えよう！

1 우타마로, 호쿠사이, 히로시게, 샤라쿠와 같은 많은 유명한 우키요에 스승들이 분카, 분세이 시대에 해외에도 잘 알려진 작품을 그렸습니다.

歌麿、北斎、広重、写楽といった多くの有名な浮世絵師たちが、文化文政時代に海外にもよく知られているような作品を描きました。

2 국가의 역사와 기원을 연구하는 것입니다. 국학의 연구를 통해 지식층은 일본인들은 천황을 신성한 존재로 받들어야 한다고 생각했습니다.

国家の歴史や起源を研究することです。国学の研究により、知識層は日本人は天皇を神聖な存在として崇めるべきであると考えました。

3 난학은 말 그대로 하면, '네덜란드어의 학습'을 의미합니다만, 서양문화를 연구하는 것이었습니다. 스기타 겐파쿠는 난학자로서 『해체신서』라는 네덜란드어 의학서를 번역했습니다.

蘭学とは文字通りにいうと、「オランダ語の学習」を意味しますが、西洋文化を研究することでした。杉田玄白は蘭学者で、『解体新書』というオランダ語の医学書を翻訳しました。

11 開国

? こんな質問をされたら？

1 에도 후기의 일본 연안은 어떤 상황이었습니까?

江戸後期の日本の沿岸はどんな状況でしたか？

2 왜 일본은 쇄국을 그만둔 것입니까?

なぜ日本は鎖国をやめたのですか？

3 개국의 결과는 어떻게 되었습니까?

開国の結果どうなりましたか？

マシュー・ペリー　매튜 페리

30秒で、こう答えよう！

1 18세기 말경부터 많은 외국 선단이 일본 근해에 나타났습니다.

18世紀末頃から、多くの外国船団が日本近海に現れました。

---

2 1853년과 1854년에 페리 제독과 미국의 함대가 에도만의 곶인 우라가에 나타났고, 그런 진보된 증기선의 등장은 도쿠가와 막부에 충격을 주어 개국을 결정했습니다.

1853年と1854年に、ペリー提督とアメリカの艦隊が江戸湾の岬である浦賀に現れ、その進んだ蒸気船の登場は、徳川幕府に衝撃を与え、開国を決めました。

---

3 1854년 미일화친조약이 체결되어 쇄국정책은 종결되었습니다. 많은 사무라이와 지식층은 도쿠가와 막부의 타협에 실망하고 외국인의 배척을 주장했습니다.

1854年、日米和親条約が締結され、鎖国政策は終結しました。多くの侍や知識層は徳川幕府の妥協に失望し、外国人の排斥を主張しました。

12 尊王攘夷

？ こんな質問をされたら？

1 존왕양이란 무엇입니까?

　尊王攘夷とはなんですか？

2 요시다 쇼인은 어떤 인물입니까?

　吉田松陰とはどのような人物ですか？

3 이이 나오스케는 어떤 인물입니까?

　井伊直弼とはどのような人物ですか？

吉田松陰　요시다 쇼인

존왕양이

 30秒で、こう答えよう！

1 존왕양이는 1860년경에 사용된 개념으로서 정치적인 슬로건이었습니다. 천황 숭배와 외국인의 배척을 의미합니다.

尊王攘夷とは、1860年頃に使われた概念であり、政治的なスローガンでした。天皇崇拝と外国人の排斥を意味します。

2 요시다 쇼인은 조슈(현재의 야마구치 현)의 학자로 존왕양이를 지지했지만 이이 나오스케에 의해서 처형되었습니다. 요시다 쇼인의 많은 제자들은 조슈로 옮겨와 천황 아래에 새로운 질서를 만들려고 했습니다.

吉田松陰は長州（現在の山口県）の学者で、尊王攘夷を支持しましたが、井伊直弼によって処刑されました。吉田松陰の多くの門弟たちは長州に移り、天皇の下に新しい秩序を創ろうとしました。

3 이이 나오스케는 도쿠가와 막부의 대로로서 외국인 배척 운동을 억누르려고 했습니다. 이이 나오스케는 1860년 미토의 낭인에 의해 암살당했습니다.

井伊直弼は徳川幕府の大老で、外国人排斥運動を押さえようとしました。井伊直弼は、1860年水戸の浪人によって暗殺されました。

第9章

江戸時代

13 幕末の情勢

❓ こんな質問をされたら？

1 가쓰 가이슈는 어떤 인물입니까?

　勝海舟とはどういう人物ですか？

---

2 사카모토 료마는 어떤 인물입니까?

　坂本龍馬とはどういう人物ですか？

---

3 신선조는 무엇입니까?

　新撰組とはなんですか？

勝海舟　가쓰 가이슈

坂本龍馬　사카모토 료마

막부 말기의 정세

 30秒で、こう答えよう！

1 가쓰 가이슈는 도쿠가와 막부의 사무라이로서 해군을 지휘하고 많은 제자에게 서양의 기술을 가르쳤습니다. 또한 그는 막부를 위해 해군을 창설했습니다.

勝海舟は徳川幕府の侍で、海軍を指揮し、多くの弟子に西洋の技術を教えていました。また彼は幕府のために海軍を創設しました。

2 사카모토 료마는 도사(현재의 고치 현) 출신이었습니다. 그는 사쓰마와 조슈를 중개하여 도쿠가와 막부를 뒤집는 데 일조했습니다.

坂本龍馬は土佐（現在の高知県）出身でした。彼は薩摩と長州を仲介し、徳川幕府を覆すのに一役買いました。

3 신선조는 아이즈의 다이묘에 의해 조직된 특별한 치안 부대로서 교토의 질서를 지키려고 했습니다. 당시 교토에는 존왕양이 활동가들이 암약하고 있었습니다.

新撰組とは会津の大名によって組織された特別な治安部隊で、京都の秩序を守ろうとしました。当時の京都には、尊王攘夷の活動家が暗躍していました。

14 江戸幕府の滅亡

❓ こんな質問をされたら？

1 막부를 타도하려는 중심, 사쓰마와 조슈는 어떤 생각이었습니까?

倒幕の中心、薩摩と長州はどういう考えでしたか？

---

2 막부는 조슈에 어떻게 대응했습니까?

幕府は長州にどう対応しましたか？

---

3 에도 막부의 최후는 어떻게 되었습니까?

江戸幕府の最後はどうなりましたか？

高杉晋作　다카스기 신사쿠

徳川慶喜　도쿠가와 요시노부

에도 막부의 멸망

 30秒で、こう答えよう！

1 조슈와 사쓰마 양 번은 서양 국가들과 충돌한 적이 있고, 해외 열강을 구축하는 것은 불가능하다고 인식했습니다.

長州と薩摩の両藩は西洋の国々と衝突したことがあり、海外の列強を駆逐することは不可能であると認識しました。

2 도쿠가와 막부는 조슈를 무찌르려고 했지만 실패로 끝났습니다. 다카스기 신사쿠는 조슈의 군대를 이끌고 도쿠가와 막부의 공격을 격퇴했습니다.

徳川幕府は長州を打ち破ろうとしましたが、失敗に終わりました。高杉晋作は長州の軍隊を率いて、徳川幕府の攻撃を撃退しました。

3 1867년 도쿠가와 막부 최후의 쇼군, 제15대 도쿠가와 요시노부는 그 자리에서 내려와 전권을 조정으로 돌려주었습니다. 가쓰 가이슈는 사이고 다카모리와 교섭하여 에도 성을 무혈 개방시켰습니다.

1867年、徳川幕府最後の将軍、第15代徳川慶喜は、その地位を降り、全権を朝廷に返しました。勝海舟は西郷隆盛と交渉し、江戸城を無血開城させました。

第10章

제 10 장

明治時代

메이지 시대

1 明治維新

❓ こんな質問をされたら？

1 메이지 유신은 몇 년에 일어났습니까?

明治維新は何年に起こりましたか？

---

2 보신 전쟁은 무엇입니까?

戊辰戦争とはなんですか？

---

3 메이지 유신의 영웅은 누구입니까?

明治維新の英雄は誰ですか？

西郷隆盛　사이고 다카모리

木戸孝允　기도 다카요시

메이지 유신

 30秒で、こう答えよう！

1 메이지 유신은 사쓰마와 조슈의 지지를 얻은 조정에 의해서 1868
년에 선언되었습니다.

明治維新は、薩摩と長州の支持を得た朝廷によって、1868年に宣言
されました。

---

2 보신 전쟁은 도쿠가와 측과 신정부 측과의 사이에 일어난 일련의
전투이며, 하코다테가 조정 측에 의해서 점거된 1869년 5월에 종
료했습니다.

戊辰戦争とは、徳川側と新政府側との間に起こった一連の戦いのこ
とで、函館が朝廷側によって占拠された1869年5月に終結しまし
た。

---

3 조슈의 기도 다카요시, 사쓰마의 사이고 다카모리와 오쿠보 도시미
치는 메이지 유신을 선도한 3걸이었습니다.

長州の木戸孝允、薩摩の西郷隆盛と大久保利通は明治維新を先導し
た三傑でした。

---

2 明治最初の政策

❓ こんな質問をされたら？

1 에도 시대 신분제도는 어떻게 되었습니까?

江戸時代の身分制度はどうなりましたか？

---

2 사무라이는 어떻게 되었습니까?

侍はどうなりましたか？

---

3 에도와 지방은 어떻게 되었습니까?

江戸や地方はどうなりましたか？

髷を落とし、洋装に改めた岩倉具視
상투를 자르고 양장을 입은 이와쿠라 도모미

메이지 최초의 정책

 30秒で、こう答えよう！

1 메이지 유신의 과정에서 봉건적인 4계급은 폐지되었습니다.

明治維新の過程で、封建的な4階級は廃止されました。

---

2 메이지 정부의 지시에 따라 사무라이가 칼을 차는 것이 금지되었고, 사람들은 머리카락을 자르고 서양식의 머리 모양으로 바꾸었습니다. 그리고 사무라이는 일본의 제도에서 자취를 감추었습니다.

明治政府の指示により、侍の帯刀が禁止され、人々は髷を切って洋風の髪型に変えました。そして侍は日本の制度から姿を消しました。

---

3 1869년 에도는 도쿄로 개명되어 수도가 되었습니다. 1871년, 폐번치현이 이루어졌습니다.

1869年、江戸は東京に改名され、首都となりました。1871年、廃藩置県が行われました。

---

3 文明開化

？ こんな質問をされたら？

1 일본에서 최초의 철도는 언제, 어디에 건설되었습니까?

日本で最初の鉄道は、いつ、どこに、建設されましたか？

2 부국강병이라는 것은 무엇입니까?

富国強兵とはなんですか？

3 식산흥업은 무엇입니까?

殖産興業とはなんですか？

日本の近代化に貢献した旧富岡製糸場（世界遺産）
일본의 근대화에 공헌한 구 도미오카 제사장(세계유산)

30秒で、こう答えよう！

1 일본에서 최초의 철도는 1872년 도쿄 신바시와 요코하마 간에 운행되었습니다.

日本で最初の鉄道は1872年、東京の新橋と横浜間で運行されました。

---

2 부국강병은 메이지 정부의 주요 슬로건이었습니다. '나라를 풍요롭게 하고 군대를 강화한다'라는 것을 의미합니다.

富国強兵は明治政府の主要なスローガンでした。「国を豊かにし、軍隊を強化する」ことを意味します。

---

3 식산흥업은 메이지 정부의 또 하나의 주요 슬로건이며, 전망도 있었습니다. 이것은 '산업의 촉진'을 의미합니다. 메이지 정부는 해외에서 많은 지식인과 숙련공을 일본으로 초청하여 강하고 풍요로운 산업 국가를 만들려고 했습니다.

殖産興業は、明治政府のもう一つの主要なスローガンであり、ヴィジョンでもありました。これは「産業の促進」を意味します。明治政府は海外から多くの知識人と熟練工を日本へ招待し、強くて豊かな産業国を創ろうとしました。

---

4 自由民権運動と憲法制定

❓ こんな質問をされたら？

1 일본에서는 자유를 추구하는 운동이 있었습니까?

日本では自由を求める運動はありましたか？

---

2 일본의 내각제도는 언제 생겼고, 초대 총리대신은 누구였습니까?

日本の内閣制度はいつでき、初代の総理大臣は誰ですか？

---

3 헌법 제정으로 천황의 지위는 어떻게 되었습니까?

憲法制定で天皇の地位はどうなりましたか？

伊藤博文　이토 히로부미

자유민권운동과 헌법 제정

 30秒で、こう答えよう！

1 세이난 전쟁 후 자유민권운동이 일어났습니다.

西南戦争後、自由民権運動が広がりました。

2 1885년 메이지 정부는 내각제도를 시행했습니다. 조슈 출신의 이토 히로부미는 일본에서 최초의 총리대신이 되었습니다.

1885年、明治政府は内閣制度を施行しました。長州出身の伊藤博文は日本で最初の総理大臣になりました。

3 메이지 헌법 아래 천황은 최고 권력자가 되어 일본은 군주국이 되었습니다. 천황은 육해군의 최고사령관이 된 것입니다.

明治憲法の下、天皇は最高権力者となり、日本は君主国となりました。天皇は、陸海軍の最高司令官となったのです。

5 日清戦争

❓ こんな質問をされたら？

1 메이지 이후 최초의 대외 전쟁인 청일전쟁은 왜 일어났습니까?

明治以降最初の対外戦争である日清戦争はなぜ起こったのですか？

2 청일전쟁은 어떻게 전개되었습니까?

日清戦争はどう展開しましたか？

3 청일전쟁의 결과 일본은 무엇을 얻었습니까?

日清戦争の結果、日本は何を得ましたか？

日清戦争　청일전쟁

청일전쟁

 30秒で、こう答えよう！

1 중국의 청나라는 조선에 강한 권익을 갖고 있었고, 일본인은 그것을
뒤엎으려 했습니다. 그리하여 청일전쟁이 발발했습니다.

中国の清朝は朝鮮に強い権益をもち、日本人はそれをくつがえそう
としました。このようにして、日清戦争は勃発しました。

---

2 청일전쟁은 1895년에 종결했고 일본이 청나라의 육해군을 물리쳤
습니다. 이것은 메이지 유신 이래 근대화의 결과물이었습니다.

日清戦争は1895年に終結し、日本が清の陸海軍を打ち破りました。
これは、明治維新以来の近代化の賜物でした。

---

3 시모노세키 조약의 결과 일본은 타이완과 펑후 제도에 더하여 배
상금을 얻었습니다.

下関条約の結果、日本は台湾、澎湖諸島に加え賠償金を得ました。

---

6 日露戦争

? こんな質問をされたら？

1 러일전쟁은 왜 일어났습니까?

なぜ日露戦争は起こったのですか？

2 러일전쟁은 어떻게 전개되었습니까?

日露戦争はどのように展開しましたか？

3 러일전쟁의 결과 일본은 무엇을 얻었습니까?

日露戦争の結果、日本は何を得ましたか？

日露戦争 炎上するロシア艦 러일전쟁 불타는 러시아 함선

러일전쟁

 30秒で、こう答えよう！

1 청일전쟁 후 일본은 중국 북부와 한반도의 이권을 둘러싸고 러시아와 충돌한 것입니다.

日清戦争後、日本は中国北部と朝鮮半島の利権を巡って、ロシアと衝突したのです。

2 일본에게 있어서 러시아는 너무 거대한 나라였고 전쟁 같은 것은 할 수 없다고 여겨졌지만 거의 모든 전투에서 일본은 러시아를 이겼습니다.

日本にとって、ロシアは巨大すぎるくらいの国であり、戦うことなどできないように思われましたが、ほとんどすべての会戦で日本はロシアを破りました。

3 시어도어 루스벨트 대통령이 일본과 러시아를 중재하여 1905년 9월 포츠머스 조약이 체결되었습니다. 일본은 남만주와 사할린의 일부를 얻었지만, 배상금은 받을 수 없었습니다.

セオドア・ルーズベルト大統領が日本とロシアを仲裁し、1905年9月、ポーツマス条約が締結されました。日本は、南満州と樺太の一部を得ましたが、賠償金を受け取ることはできませんでした。

7 明治時代の文化

? こんな質問をされたら？

1 문명개화는 무엇입니까?

文明開化とは何ですか？

2 메이지 시대의 일본 문학은 어떻게 바뀌었습니까?

明治時代の日本の文学はどう変わりましたか？

3 일본의 예술 활동은 어떻게 되었습니까?

日本の芸術活動はどうなりましたか？

夏目漱石　나쓰메 소세키

메이지 시대의 문화

 30秒で、こう答えよう！

1 문명개화란 '문명화와 계몽'을 의미하며 메이지 시대의 급속한 서양화를 말할 때 일본인이 즐겨 사용하는 표현이었습니다.

文明開化とは「文明化と啓蒙」を意味し、明治時代の急速な西洋化を語るときに日本人が好んで使う表現でした。

---

2 나쓰메 소세키는 메이지 시대의 소설가로서 『나는 고양이로소이다』 등 몇몇 작품은 다국어로 번역되어 있습니다.

夏目漱石は明治時代の小説家で、『吾輩は猫である』など幾つかの作品は多言語に翻訳されています。

---

3 메이지 시대 일본의 전통예술도 유럽에 수출되었습니다. 특히 우키요에는 유럽의 인상파에게 영향을 미쳤습니다.

明治時代、日本の伝統芸術もヨーロッパに輸出されました。特に浮世絵はヨーロッパの印象派に影響を与えました。

第11章

제 11 장

大正時代

다이쇼 시대

1 大正時代の概要

? こんな質問をされたら？

1 메이지 시대는 언제 끝났습니까?

明治時代はいつ終わりましたか？

---

2 이 시대의 국제 정세는 어떻게 되고 있었습니까?

この時代の国際情勢はどうなっていましたか？

---

3 다이쇼 시대의 정치 상황은 어떠했습니까?

大正時代の政治状況はどのようなものでしたか？

大正天皇　다이쇼 천황

다이쇼 시대의 개요

 30秒で、こう答えよう！

1 메이지 천황은 1912년 승하하고 격동의 45년이 끝나게 됩니다. 같은 해에 다이쇼 천황이 황위를 계승했습니다.

明治天皇は1912年崩御し、騒然とした45年間が終わりました。同年に大正天皇が皇位を継承しました。

---

2 1914년 다이쇼 천황이 황위를 계승한 2년 후, 유럽에서는 제1차 세계대전이 발발했습니다. 제1차 세계대전에서 일본은 중국에 대한 영향력을 확대하려고 했습니다.

1914年、大正天皇が皇位を継承して2年後、ヨーロッパでは第一次世界大戦が勃発しました。第一次世界大戦で、日本は中国への影響力を拡大しようとしました。

---

3 다이쇼 데모크라시란 다이쇼 시대의 종합적인 정치 운동으로서 일본을 민주주의 국가로 만들었습니다.

大正デモクラシーとは大正時代の総合的な政治運動で、日本を民主主義国家にしました。

2 大正時代の政治

? こんな質問をされたら？

1 다이쇼 시대에 민주주의가 진전된 것은 어떤 흐름이었습니까?

大正時代に民主主義が進展したのは、どのような流れですか？

2 일본에서는 공산주의 운동이 있었습니까?

日本では共産主義運動がありましたか？

3 일본에서는 여성의 지위 향상 운동이 있었습니까?

日本では女性の地位向上運動はありましたか？

平塚雷鳥　히라쓰카 라이초

다이쇼 시대의 정치

 30秒で、こう答えよう！

1 하라 다카시는 민의의 지지를 받아 임명된 최초의 총리대신입니다.
가토 다카아키 내각은 보통선거법을 시행하고 25세 이상의 전체 남
자에게 선거권이 부여되었습니다.

原敬は民意に支持されて成立した最初の総理大臣です。加藤高明内
閣は普通選挙法を施行し、25歳以上の全男子に選挙権が付与され
ました。

---

2 소비에트 연방의 탄생으로 일본에서 공산주의와 노동운동이 활발
해졌습니다. 치안유지법은 보통선거법과 비슷한 시기에 시행되어
공산주의를 엄격하게 단속했습니다.

ソビエト連邦の誕生により、日本で共産主義と労働運動が盛んにな
りました。治安維持法は普通選挙法と同じ頃施行され、共産主義を
厳しく取り締まりました。

---

3 네. 일본의 여성해방운동의 선구자는 히라쓰카 라이초였습니다.

はい。日本の女性解放運動の先駆けは、平塚雷鳥でした。

3 関東大震災

? こんな質問をされたら？

1 관동대지진은 언제 일어났습니까?

関東大震災はいつ起こりましたか？

---

2 관동대지진으로 일어난 루머는?

関東大震災で起こったデマとは？

---

3 관동대지진으로부터 어떤 영향이 있었습니까?

関東大震災からどんな影響がありなりましたか？

震災後の浅草寺周辺　지진 재해 후의 센소지 주변

30秒で、こう答えよう！

1 1923년 9월 1일, 도쿄와 그 근교에 리히터 규모 7.9의 지진이 강타했습니다. 관동대지진으로 10만 명 이상이 사망했습니다.

1923年9月1日、東京とその近郊はマグニチュード7.9の地震に襲われました。関東大震災によって、10万人以上の死者が出ました。

---

2 지진 후의 혼돈 속에서 조선인이 폭동을 일으킨다는 소문이 나돌면서 많은 조선인이 학살당했습니다.

震災後の混沌の中で、朝鮮人による暴動が起きるという噂が流れ、多くの朝鮮人が虐殺されました。

---

3 관동대지진의 부흥에는 거액의 세비가 요구되었습니다.

関東大震災の復興には、巨額の歳費を要しました。

---

4 大正時代の文化

? こんな質問をされたら？

1 일본에서 방송의 개시는 언제입니까?

日本での放送の開始はいつですか？

---

2 문학의 시라카바파란 무엇입니까?

文学における白樺派とはなんですか？

---

3 다이쇼 시대의 가장 유명한 작가는 누구입니까？

大正時代の最も有名な作家は誰ですか？

芥川龍之介　아쿠타가와 류노스케

다이쇼 시대의 문화

 30秒で、こう答えよう！

1 1925년 라디오 방송이 시작되었습니다.

1925年、ラジオ放送が始まりました。

---

2 시라카바파란 작가의 집단으로 인간의 정신과 자유로운 감각을 권장했습니다.

白樺派とは作家の集団で、人間の精神や自由な感覚を推奨しました。

---

3 아쿠타가와 류노스케는 고전적인 소재에 대한 문학성 높은 많은 단편으로 알려져 있었습니다. 『라쇼몬』은 후에 구로사와 아키라에 의해 영화화되었습니다.

芥川龍之介は、古典的な題材についての文学性の高い多くの短編で知られていました。『羅生門』は後に黒澤明によって映画化されました。

第12章
제 12 장

昭和──戦前
쇼와 시대 - 전전

1 大正から昭和へ

? こんな質問をされたら？

1 다이쇼 시대는 언제 끝났습니까?

大正時代はいつ終わりましたか？

---

2 쇼와 천황은 어떤 인물입니까?

昭和天皇とはどういう人物ですか？

---

3 쇼와는 어떤 시대였습니까?

昭和とはどういう時代でしたか？

昭和天皇　쇼와 천황

다이쇼에서 쇼와로

 30秒で、こう答えよう！

1 1926년 다이쇼 천황이 승하하고 쇼와 천황이 황위를 계승했습니다.

1926年、大正天皇が崩御され、昭和天皇が皇位を継承しました。

---

2 쇼와 천황은 생물학자이자 해양생물 분류의 연구자이기도 했습니다.

昭和天皇は、生物学者で海洋生物分類の研究者でもありました。

---

3 전전은 군국주의 시대로서 국민의 자유도 크게 제한되었고, 중국과 동남아시아로의 침략을 자행했습니다. 패전 후에는 자유롭고 평화로운 민주주의 사회가 되었고, 미증유의 경제성장을 이루어 세계에서도 가장 부유한 국가가 되었습니다.

戦前は軍国主義の時代で国民の自由も大きく制限され、中国や東南アジアへの侵略を行いました。敗戦後は一転自由で平和な民主主義社会になり、未曾有の経済成長を遂げ、世界でも最も豊かな国となりました。

---

2 世界恐慌

❓ こんな質問をされたら？

1 세계 공황이 일본에도 영향을 미쳤습니까?

世界恐慌は日本にも影響しましたか？

---

2 공황으로 일본의 대기업은 어떻게 되었습니까?

恐慌で日本の大企業はどうなりましたか？

---

3 이 경제 위기는 어떤 영향을 미쳤습니까?

この経済危機はどのような影響を与えましたか？

株が暴落したNYウォール街　주가가 폭락한 뉴욕 월스트리트

30秒で、こう答えよう！

1 정부가 관동대지진의 재정적 손해로부터 딛고 일어서려고 하던 차, 1929년 미국에서 대공황이 일어나 일본도 피해를 입었습니다.

政府が関東大震災の財政的損害から立ち直ろうともがいているとき、1929年アメリカで大恐慌が起こり、日本も被害を受けました。

---

2 미쓰이, 미쓰비시, 스미토모 같은 재벌 대기업들은 정치인과 결합되어 자신의 이권을 확대하고자 했습니다.

三井、三菱、住友のような財閥系の大企業は政治家と結びつき、自らの利権を拡大しようとしました。

---

3 1931년, 관동군은 군사행동을 일으켜 펑톈을 군의 지배하에 두었습니다. 이것이 악명 높은 만주사변이었습니다.

1931年、関東軍は軍事行動を起こし、奉天を軍の支配下に置きました。これが悪名高い満州事変でした。

第12章

昭和―戦前

3 自由な社会の終焉

犬養毅　이누카이 쓰요시

자유로운 사회의 종언

 30秒で、こう答えよう！

1 끝이 없는 불경기와 잦은 국제분쟁 때문에 극단적인 국수주의가 군부와 일반 대중 속에 퍼졌습니다.

終わりのない不景気と度重なる国際紛争のために、極端な国粋主義が軍部と一般大衆の中に広がりました。

---

2 1932년 5월 15일, 젊은 해군 장교가 육군의 사관후보생과 공모하여 이누카이 쓰요시 수상을 암살했습니다. 이누카이 쓰요시의 죽음은 민주주의 정부의 종언을 의미했습니다.

1932年5月15日、若い海軍将校が陸軍の士官候補生と共謀し、犬養毅首相を暗殺しました。犬養毅の死は、民主主義政府の終焉を意味しました。

---

3 1936년 2월 26일, 젊은 육군 장교들은 사회의 부패와 재벌의 전횡에 대해서 쿠데타를 일으켜 다카하시 고레키요 재무장관 등을 암살했습니다.

1936年2月26日、若い陸軍将校たちは、社会の腐敗と財閥の専横に対してクーデターを起こし、高橋是清財務大臣などを暗殺しました。

---

4 日中戦争の開始

❓ こんな質問をされたら？

1 중일전쟁은 어떻게 해서 일어났습니까?

日中戦争はどのようにして起こりましたか？

---

2 중국 측은 어떤 대응을 했습니까?

中国側はどのような対応をしましたか？

---

3 구미 열강은 어떻게 움직였습니까?

欧米列強はどう動きましたか？

蔣介石　장제스

중일전쟁의 개시

 30秒で、こう答えよう！

1 1937년 7월, 일본 육군은 베이징 교외의 루거우차오에서 중국군과의 전쟁에 들어갔습니다.

1937年7月、日本陸軍は北京郊外の盧溝橋で中国軍との戦争に入りました。

---

2 장제스가 국민당을 통합하고 더욱이 공산당과도 타협하여 국가 전체가 일본과 대치하게 되었습니다.

蔣介石が国民党を統合し、さらに共産党とも妥協し、国家全体で日本と対峙することになりました。

---

3 일본의 아시아 침공에 대처하기 위해서 미국, 영국, 중국, 네덜란드는 일본에 대한 금수조치를 실시했습니다.

日本のアジア侵攻に対処するために、米国、英国、中国、オランダは日本への禁輸措置を行いました。

? こんな質問をされたら？

1 중일전쟁 당시 국민생활은 어떤 정책 아래 있었습니까?

日中戦争時、国民生活はどのような政策のもとにありましたか？

2 국회는 어떤 상태였습니까?

国会はどういう状態でしたか？

3 대외적으로는 어떤 정책이었습니까?

対外的にはどういう政策でしたか？

ヒトラー　히틀러

ムッソリーニ　무솔리니

중일전쟁 당시의 정책

 30秒で、こう答えよう！

1 1938년 국가동원법이 승인되어 정부는 국민과 국가 자산을 조건 없이 통제, 운용할 수 있게 되었습니다.

1938年、国家動員法が承認され、政府は国民と国家資産を無条件に統制運用できるようになりました。

---

2 1940년 전 정당은 대정익찬회 아래 통합되었습니다. 이로써 일본의 정당정치는 종식되었습니다.

1940年、全政党は大政翼賛会のもとに統合されました。これにより、日本の政党政治は終焉しました。

---

3 일본 정부는 대동아공영권을 선언하고, 구미 열강에 의한 아시아의 식민지화를 비난했습니다. 일본은 육군에 장악되어 이탈리아, 독일과 삼국동맹을 맺었습니다.

日本政府は大東亜共栄圏を宣言し、欧米列強によるアジアの植民地化を非難しました。日本は陸軍に掌握され、イタリア、ドイツと三国同盟を結びました。

6 第二次世界大戦へ

? こんな質問をされたら？

1 일본이 참전한 제2차 세계대전은 언제 시작했습니까?

日本における第二次世界大戦はいつ始まりましたか？

---

2 육군과 해군에 대립이 있었던 것입니까?

陸軍と海軍に対立があったのですか？

---

3 대전 초기의 정세는 어떠했습니까？

大戦初期の情勢はどうでしたか？

零戦　제로센

제2차 세계대전으로

 30秒で、こう答えよう！

1 1941년 12월 8일, 일본 해군은 진주만을 공격하여 태평양 전쟁이 시작되었습니다.

1941年12月8日、日本海軍は真珠湾を攻撃し、太平洋戦争が始まりました。

---

2 해군은 미국과 영국에 대한 전쟁에는 반대했습니다. 하지만 육군의 강경노선을 막을 수가 없었습니다.

海軍は米英に対する戦争には反対でした。しかし陸軍の強硬路線を止めることができませんでした。

---

3 대전 초기에 일본 육군은 싱가포르, 인도네시아, 필리핀을 제압했습니다. 1942년 6월, 미드웨이 해전에서 패하자 일본은 연합군에게 반격을 당했습니다.

大戦初期に、日本陸軍はシンガポール、インドネシア、フィリピンを制圧しました。1942年6月、ミッドウェー海戦に敗れると、日本は連合軍に反撃されました。

7 敗戦に向けて

❓ こんな質問をされたら？

1 일본의 국토는 어떻게 되었습니까?

日本の国土はどうなりましたか？

2 가미카제란 무엇입니까?

神風とはなんですか？

3 일본은 언제 항복했습니까?

日本はいつ降伏しましたか？

広島原爆ドーム　히로시마 원폭 돔

패전을 향해서

 30秒で、こう答えよう！

1 일본 내의 대도시는 폭격에 노출되었습니다. 1945년 8월 6일과 9일, 히로시마와 나가사키에 원폭이 투하되었습니다.

日本中の大都市は爆撃に晒されました。1945年8月6日と9日、それぞれ広島と長崎に原爆が投下されました。

---

2 가미카제는 일본 해군에 의한 자폭 공격이었습니다. 연합군과의 해전에서는 인간 어뢰조차도 발사되었습니다.

神風とは、日本海軍による自爆攻撃でした。連合軍との海戦では、人間魚雷さえも発射されました。

---

3 1945년 8월 15일, 일본은 항복했고 천황은 라디오에서 국민들에게 직접 그것을 전했습니다. 일본에서만 300만 명 이상의 희생자를 내고 국토는 괴멸 상태가 되었습니다.

1945年8月15日、日本は降伏し、天皇はラジオで国民に直接それを伝えました。日本だけで、300万人以上の犠牲者を出し、国土は壊滅状態となりました。

第13章
제 13 장

昭和──戦後
쇼와 시대 - 전후

1 日本の占領

? こんな質問をされたら？

1 GHQ란 무엇입니까?

GHQとはなんですか？

---

2 국제극동군사재판은 무엇입니까?

国際極東軍事裁判とはなんですか？

---

3 일본의 식민지는 어떻게 되었습니까?

日本の植民地はどうなりましたか？

昭和天皇とマッカーサー　쇼와 천황과 맥아더

일본의 점령

30秒で、こう答えよう！

1 GHQ는 총사령부라는 것으로, 거기에 연합국 군 최고사령관인 더글러스 맥아더가 일본에 민주주의를 확립하기 위해서 부임했습니다.

GHQとは、総司令部のことで、そこでは連合国軍最高司令官であるダグラス・マッカーサーが日本に民主主義を確立するために着任しました。

---

2 국제극동군사재판은 중일전쟁과 태평양 전쟁에서 책임이 있던 A급 전범을 처벌하기 위해 열린 재판입니다.

国際極東軍事裁判とは、日中戦争や太平洋戦争で責任のあったA級戦犯を罰するために開かれた裁判のことです。

---

3 항복했던 당시 일본은 한국과 타이완을 포함하여 지금까지 획득한 식민지를 포기하지 않으면 안 되었습니다.

降伏したとき、日本は韓国と台湾を含むいままでに獲得した植民地を投げ出さねばなりませんでした。

第13章

昭和—戦後

2 日本の民主化

？ こんな質問をされたら？

1 일본의 헌법은 어떻게 되었습니까?

日本の憲法はどうなりましたか？

2 일본의 정치는 어떻게 되었습니까?

日本の政治はどうなりましたか？

3 천황은 어떻게 되었습니까?

天皇はどうなりましたか？

日本国憲法「上諭」 일본국헌법 '상유'

일본의 민주화

 30秒で、こう答えよう！

1 1946년 11월 3일, 일본국헌법이 공포되었습니다. 공포된 이후 지금까지 일본국헌법은 세계에서 가장 공평하고 민주적인 헌법으로서 전혀 개정되지 않고, 한 글자 한 구절마다 효력을 유지하고 있습니다.

1946年11月3日、日本国憲法が公布されました。公布されてから今まで、日本国憲法は世界で最も公平で民主的な憲法として、全く改正されることなく、一字一句効力を持ちつづけています。

2 정당이 부활하면서 20세 이상의 모든 남녀에게 선거권이 부여되었습니다.

政党が復活し、20歳以上のすべての男女に選挙権が付与されました。

3 천황은 일본의 상징이 되었고 쇼와 천황은 인간선언을 했습니다.

天皇は日本の象徴となり、昭和天皇は人間宣言を行いました。

3 冷戦と日本の主権回復

? こんな質問をされたら？

1 미국의 대일 정책은 어떻게 변화했습니까?

アメリカの対日政策はどう変化しましたか？

---

2 일본의 군대는 어떻게 되었습니까?

日本の軍隊はどうなりましたか？

---

3 일본의 주권 회복은 어떻게 진행되었습니까?

日本の主権回復はどう進みましたか？

サンフランシスコで署名する吉田茂
샌프란시스코에서 서명하는 요시다 시게루

냉전과 일본의 주권 회복

 30秒で、こう答えよう！

1 냉전이 심각해지면서 미국은 일본에 대한 정책을 바꾸어 일본을 극동의 신뢰할 수 있는 동맹국으로 삼으려 했습니다.

冷戦が深刻になると、米国は日本に対する政策を変え、日本を極東における信頼できる同盟国にしようとしました。

2 미국의 요구에 기초하여 일본은 재군비하고 자위대가 창설되었습니다.

米国の要求に基づいて、日本は再軍備し、自衛隊が創設されました。

3 1951년 미국을 비롯한 49개국이 샌프란시스코에서 평화조약을 체결하면서 일본은 독립했습니다.

1951年、米国を含む49カ国がサンフランシスコで平和条約を締結し、日本は独立しました。

4 高度経済成長

？ こんな質問をされたら？

1 전후 일본의 경제는 어떻게 되었습니까?

戦後日本の経済はどうなりましたか？

2 일본의 대외 정책은 어떻게 되었습니까?

日本の対外政策はどうなりましたか？

3 일본의 경제발전은 어떤 영향을 가져왔습니까?

日本の経済発展はどういう影響をもたらしましたか？

東京オリンピック1964　도쿄올림픽 1964

고도경제성장

 30秒で、こう答えよう！

1 1964년, 일본은 올림픽을 개최하고 고도성장이라는 극적인 경제성장의 시대에 들어갔습니다.

1964年、日本はオリンピックを開催し、高度成長といわれる劇的な経済成長の時代に入りました。

2 일본은 미일안보조약 아래 미국과 협조하여 서방 자유주의 국가의 일원으로서 발전했습니다. 그 결과, 서방 선진국에 의한 정상회의의 일원이 되어 국제적 지위가 향상되었습니다.

日本は日米安保条約のもと、アメリカと協調して西側自由主義国の一員として発展しました。その結果、西側先進国によるサミットの一員となり、国際的地位は向上しました。

3 70년대 말에서 80년대에 걸쳐 일본은 경제대국이 되었고 미국과의 무역 마찰은 큰 국제문제가 되었습니다.

70年代終わりから80年代にかけて、日本は経済大国となり、アメリカとの貿易摩擦は大きな国際問題になりました。

第14章

제 14 장

戦後から現代へ

전후에서 현대로

1 日本文化の輸出

❓ こんな質問をされたら？

1 일본 문화를 미국에 소개한 선구자는 누구입니까?

日本文化をアメリカに紹介した草分けは誰ですか？

---

2 일본 문학을 최초로 해외에 소개한 사람은 누구입니까?

日本文学を最初に海外に紹介したのは誰ですか？

---

3 현재 세계에서 인정을 받고 있는 일본 문화는 무엇입니까?

現在、世界で市民権を得ている日本文化は何ですか？

エドワード・サイデンステッカー
에드워드 사이덴스티커

일본 문화의 수출

 30秒で、こう答えよう！

1 에드윈 O. 라이샤워입니다. 주일 대사이기도 했던 라이샤워는 전쟁 전부터 지일파로서 미국의 대일 정책의 입안에도 크게 공헌했습니다.

エドウィン・O・ライシャワーです。駐日大使でもあったライシャワーは、戦前からの知日派で、アメリカの対日政策の立案にも大きく貢献しました。

2 에드워드 사이덴스티커입니다. 가와바타 야스나리의 『설국』을 번역하여 가와바타의 노벨상 수상에 공헌했습니다.

エドワード・サイデンステッカーです。川端康成の『雪国』を翻訳し、川端のノーベル賞受賞に貢献しました。

3 일본 젊은이의 오타쿠 문화는 하나의 정돈된 문화로서 세계로 뻗어나가고, 해외의 젊은이들에게 솔직하게 받아들여지며, 그들의 라이프 스타일의 일부가 되고 있는 것 같습니다.

日本の若者のオタク文化は一つのまとまった文化として世界に広がり、海外の若者に率直に受け入れられ、彼らのライフスタイルの一部となっているようです。

2 憲法改正

? こんな質問をされたら？

1 지금 가장 많은 논란이 오가는 문제는 무엇입니까?

いま、最も多くの議論が交わされている問題は何ですか？

2 제9조는 무엇을 선언하고 있습니까?

第９条は何を宣言していますか？

3 개정파가 주장하는 것은 어떤 것입니까?

改正派が主張しているのはどんなことですか？

ブルーインパルス　블루 임펄스

헌법 개정

 30秒で、こう答えよう！

1 전쟁 포기 조항인 제9조를 수정해야 하는가의 문제입니다.

戦争放棄条項である第9条を修正すべきかどうかという問題です。

---

2 제9조는 일본이 군대 및 기타 전력을 가질 수 없다고 선언하고 있습니다.

第9条は、日本が軍隊およびその他の戦力を持つことができないと宣言しています。

---

3 개정파는 국가에는 '국방군'의 설치가 인정되어야 한다고 주장하고 있습니다.

改正派は、国家には「国防軍」の設置が認められるべきだと主張しています。

---

3 靖国神社問題

❓ こんな質問をされたら？

1 야스쿠니 신사는 원래 어떤 신사였습니까?

靖国神社はもともとどのような神社だったのですか？

---

2 국내외에서 갈등의 씨앗이 되어온 것은 무엇입니까?

国内外で軋轢の種となってきたのは何ですか？

---

3 중국과 한국 등 아시아 국가들은 무엇을 비판하고 있습니까?

中国や韓国などのアジア諸国は何を批判しているのですか？

靖国神社　야스쿠니 신사

야스쿠니 신사 문제

 30秒で、こう答えよう！

1 야스쿠니 신사는 일본의 전사자를 위령하는 존재로서 원래는 그렇게까지 물의를 빚는 일은 없었습니다.

靖国神社は、日本の戦死者の慰霊的な存在として、元来、そこまで物議を醸すようなことはなかったのです。

---

2 야스쿠니 신사가 도쿄 재판에서 유죄 판결을 받은 14명의 A급 전범을 모시고 있는 것입니다.

靖国神社が東京裁判で有罪判決を受けた14名のA級戦犯を祀っていることです。

---

3 그들은 일본 총리의 공식 참배를 '군국주의로의 회귀' 혹은 '잘못된 역사 해석'이라고 비판하고 있는 것입니다.

彼らは日本の首相の公式参拝を「軍国主義への回帰」あるいは「誤った歴史解釈」であると批判しているのです

4 食料自給率

? こんな質問をされたら？

1 국가의 식량 자급률은 무엇입니까?

国の食料自給率とは何ですか？

---

2 일본의 식량 자급률은 얼마나 떨어지고 있는 것입니까?

日本の食料自給率はどれほど下がってきているのですか？

---

3 식량 자급률의 저하는 무엇이 문제입니까?

食料自給率の低下は何が問題なのですか？

稲穂　벼이삭

식량 자급률

 30秒で、こう答えよう！

1 국내에서 소비되는 모든 식품 가운데 국내에서 생산된 식량의 비율입니다.

국内で消費されるすべての食料のうち、国内で生産された食料の割合のことです。

---

2 1965년 일본의 식량 자급률은 73%였습니다. 이후 식량자급률은 쌀 소비량의 감소 경향과 함께 하강하여 왔습니다. 1990년대 중반부터는 거의 40%의 제자리걸음으로, 2010년대 초두에 39%로 떨어졌습니다.

1965年の、日本の食料自給率は73％でした。以来、食料自給率は、米消費量の減少傾向とともに下降してきました。1990年代半ばからほぼ40％の横ばいで、2010年代初頭に39％に下がりました。

---

3 식량 자급률은 국가의 안전보장을 좌우하는 것입니다. 일본은 다른 나라에 크게 의존하며 살아가지 않으면 안 되기 때문입니다.

食料自給率は、国の安全保障をも左右するのです。日本は、他国に大きく依存して生きていかなければならなくなってしまうからです。

---

5 老舗
しにせ

? こんな質問をされたら？

1 노포의 특징은 무엇입니까?

老舗の特徴とは何ですか？

---

2 노포임을 증명하는 상징 같은 것은 있습니까?

老舗のあかしみたいなものはあるのですか？

---

3 전형적인 노포로는 어떤 것이 있습니까?

典型的な老舗にはどのようなものがありますか？

暖簾　노렌

노포

 30秒で、こう答えよう！

1 노포가 제공하는 상품이나 서비스에는 몇 세대에 걸쳐서 축적되어
온 기술, 제조법, 조리법, 노하우가 전부 들어가 있습니다.

「老舗」が提供する商品やサービスには、数世代にわたり蓄積され
てきた技術、製法、調理法、ノウハウが注ぎ込まれているのです。

---

2 상호나 상표가 대대로 계속되고 있다는 증거는 가게 입구에 매달린
전통적인 천(노렌)이 잘 상징하고 있습니다.

店名や商標が代々続いているあかしは、店の入口に垂れ下がってい
る伝統的な布（暖簾）によく象徴されます。

---

3 전형적인 노포는 소규모로 사케 제조판매장, 화과자나 녹차, 쓰케모
노(장아찌), 조미료, 조림을 파는 가게 등이 있습니다.

典型的な老舗は小規模で、日本酒の蔵元、和菓子やお茶、漬物、調
味料、佃煮を売る店などがあります。

---

6 人口高齢化

? こんな質問をされたら？

1 '고령화 사회'란 무엇입니까?

「高齢化社会」とは何ですか？

2 일본은 지금 어떻게 고령화가 진행되고 있습니까？

日本はいまどのように高齢化が進んでいるのですか？

3 이대로 고령화가 계속되면 어떤 문제가 일어납니까？

このまま高齢化が進むとどんな問題が起きますか？

屋久杉　야쿠스기(야쿠시마에서 자라는 수령 천 년 이상의 삼나무)

인구 고령화

 30秒で、こう答えよう！

1 '고령화 사회'는 65세 이상의 국민이 총인구의 7%를 넘는 사회를 말합니다.

「高齢化社会」とは、65歳以上の国民が総人口の7%を超える社会のことです。

---

2 현재 일본인의 평균 수명은 퇴직한 후 20년에 달해 여성은 83세, 남성은 79세입니다. 이것이 진행되면 2025년에는, 일본은 세계에서 가장 역삼각형화된 인구 피라미드를 가지게 될 것입니다.

現在、日本人の平均寿命は、退職してから20年近く、女性は83歳、男性は79歳です。これが進むと、2025年には、日本は世界でもっとも逆三角形化の進んだ人口ピラミッドを抱えることになるでしょう。

---

3 국가는 고령자를 위한 연금, 주택, 의료 및 복지제도에 더 많은 예산을 투입하지 않으면 안 됩니다.

国は、高齢者のための年金、住宅、医療および福祉制度に、より多くの予算を投入せねばならなくなります。

---

7 変わりゆく 日本の男性像と女性像

? こんな質問をされたら？

1 초식남은 무엇입니까?

草食系男子とは何ですか？

-----

2 육식녀는 무엇입니까?

肉食系女子とは何ですか？

-----

3 일본의 남성상과 여성상은 왜 이렇게 변화했습니까?

日本の男性像と女性像はなぜこのように変化してきたのですか？

「あなたも草食系？」「당신도 초식계?」

뒤바뀐 일본의 남성상과 여성상

 30秒で、こう答えよう！

1 '초식남'는 상냥하고 협력적으로 장래의 결혼 상대를 구하는 데에도 소극적인 남성으로 여겨지고 있습니다.

「草食系男子」とは、優しくて協力的で将来の結婚相手探しにおいても消極的な男性のことと考えられています。

---

2 '육식녀'는 자신의 의견을 제대로 갖고 있고, 파트너로서뿐 아니라 커리어도 똑같이 적극적으로 추구하는 여성으로 여겨지고 있습니다.

「肉食系女子」とは、自分の意見をしっかりと持っていて、パートナーだけでなくキャリアも同じように積極的に追い求めるような女性のことと考えられています。

---

3 이런 변화는 남성이 가족을 부양하기에 충분한 벌이를 할 수 없는 것이 한 원인입니다. 이제 남성의 경제력에는 배우자가 될 여성이 전업주부로서 집에 있을 만한 여유가 없습니다.

こうした変化は、男性が家族を養うのに充分な稼ぎを得られないことが一因にあります。もはや男性の経済力には、配偶者となる女性に専業主婦として家にいてもらうだけの余裕がないのです。

おもてなしの韓国語会話
30秒でできる！ ニッポンの歴史紹介

2021年 5月8日 第1刷発行

編　者　IBC パブリッシング

訳　者　キム・ヒョンデ

発行者　浦　晋亮

発行所　IBCパブリッシング株式会社
　　　　〒162-0804 東京都新宿区中里町29番3号 菱秀神楽坂ビル9F
　　　　Tel. 03-3513-4511　Fax. 03-3513-4512
　　　　www.ibcpub.co.jp

印刷所　株式会社シナノパブリッシングプレス

ISBN978-4-7946-0660-0